現代のマーケティング

木村達也 著

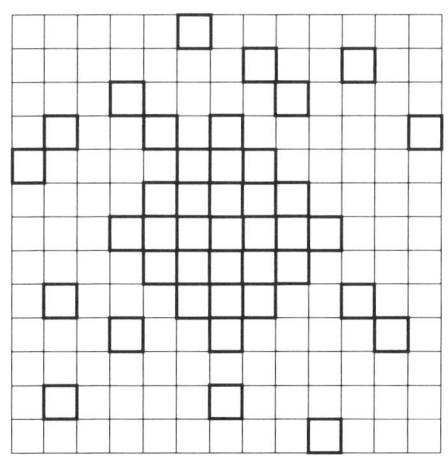

大学教育出版

はじめに

　本書は、マーケティングを学ぼうとする大学生、大学院生、さらに企業で初めてマーケティングや営業などの業務に携わろうとする方々を主たる読者として想定している。

　昨年、私は都内のある大学の経済学部の2年生から4年生を対象にしたクラスで、マーケティングについての授業を一年間担当した。それまで私は、ビジネスマンや時には役人など実務家に対してマーケティングを教えてきただけに、果たして実務経験を持たない学生たちに企業のマーケティング戦略や組織内の課題に関する話が伝わるかどうか、正直なところ、当初あまり期待はしていなかった。しかし講義をスタートしてみると、学生たちはこちらの予想を裏切り、きわめて熱心に私の話を聞いてくれた。

　さらに私を驚かしたのは、授業が終わると何人かの学生が教壇の私のところへやってきては、卒業したら自分もマーケティングの仕事がしたいのだがどうしたらできるのか、という質問とも相談ともつかない話を投げかけてきたことだ。具体的な企業名をいくつか挙げて、マーケティングの仕事をやるとしたらどの企業が一番よいか教えて欲しいと尋ねてきた4年生もいた。

　時代は変わるものである。時とともに人のありようは移り変わるが、その中でも一番大きな変化を見せるのが大学生かもしれない。私が学生だったのは今から四半世紀ほども前のことになる。自分を含めた当時の一般的な学生たちと比較すると、いまの学生たちの消費者としての成熟度の高さには目を見張る気がする。また、就業に向ける意識も全般的に高く、企業活動への関心や知識も格段と高まっているのは間違いないだろう。

　ただし、企業のマーケティングや経営戦略に対して強い興味を持っている者も少なくない一方で、彼らはアルバイト経験などがあったとしても、ほと

んどは組織で働いた経験を持ってはいない。そうした相手に企業内の経営者やマネジャーたちが何を考え、何を日々行っているかを理解してもらうのはたやすいことではない。理論だけでは現実の生き生きとした企業のマーケティング活動の姿が浮かばないだろうし、かといって経験談や事例の紹介だけで得られる知識は適用性に限界がある――。

　このような問題意識から、本書ではマネジリアルなマーケティングに焦点を絞り、企業内で展開されているマーケティング活動を分かりやすくまとめた。知っておいてもらいたいマーケティング概念を簡潔に、そしてできるだけ実際の企業活動のなかに位置づけることで、マーケティングの現在と今後のあるべき姿を考えるきっかけになるように心がけたつもりである。

　本書は、1999年に日本経済新聞社から出版した『マーケティング活動の進め方』を下敷きにしている。今回、大きく加筆して大学教育出版から発行することになった。編集を担当された佐藤守氏にこの場を借りて感謝を申し上げたい。

2003年3月

　　　　　　　　　　　　　　　　　　　　　　　　　　　　木村　達也

現代のマーケティング

目　次

はじめに …………………………………………………………………… 1

第1章 マーケティングとは ……………………………………………… 7

　エッセンス　7

　　1　マーケティングとは何か　8

　　2　企業経営とマーケティング　9

　　3　事業戦略とマーケティング戦略　14

　　4　マーケティング・プロセス　17

　　5　マーケティング・プラン　21

　　6　フォーカスとミックス　26

第2章 市場の構造を理解する ………………………………………… 31

　エッセンス　31

　　1　自社および業界の分析　32

　　2　市場構造分析　35

　　3　消費者を理解する　43

　　4　マーケティング環境の構造　50

第3章 競争市場の理解 ………………………………………………… 55

　エッセンス　55

　　1　競合分析　56

　　2　需要予測　62

　　3　マーケティング・リサーチ　65

第4章 マーケティング目標と戦略策定 ……………………………… 77

　エッセンス　77

　　1　マーケティング目標の意義　78

　　2　目標と戦略　79

3　マーケティング目標の設定　*80*
　　　4　マーケティング戦略　*84*

第5章　マーケティング・ミックスの実際 …………………………*87*
　エッセンス　*87*
　　　1　製品戦略　*88*
　　　2　価格戦略　*104*
　　　3　流通チャネル戦略　*108*
　　　4　プロモーション（コミュニケーション）戦略　*113*
　　　5　4Pと4C　*121*

第6章　データベース・マーケティング …………………………*125*
　エッセンス　*125*
　　　1　データベース・マーケティングとは　*126*
　　　2　顧客の生涯価値（LTV）　*128*
　　　3　RFM分析　*132*
　　　4　データベース・マーケティングの機能　*134*
　　　5　データベース・マーケティングの課題　*141*

第7章　企業組織とマーケティング …………………………………*143*
　エッセンス　*143*
　　　1　マーケティング活動の実践　*144*
　　　2　マーケティング実行上の課題　*144*
　　　3　組織としてのマーケティング・マインド　*148*
　　　4　これからのマーケティングとは　*148*

参考文献 ……………………………………………………………………*151*

第1章　マーケティングとは

エッセンス

- マーケティングは、企業の経営全体にかかわる機能であり、その巧拙が企業の未来を左右するといっても過言ではない。
- マーケティングは、優れたイノベーション（技術革新）と並ぶ、企業の競争優位の源泉である。
- マーケティングは、その設計図ともいえるマーケティング・プランをベースに実行される。マーケティング・プランは、分析、目標、戦略、戦術の4つの大きなステップから策定される。
- 優れたマーケティング・プランは、統合性、競争優位性、持続性の3点がキーポイントである。

1　マーケティングとは何か

　マーケティングは、通常、消費者や企業に対して製品やサービスを開発し、知らしめ、売り込み、そしてそのもとへ届ける一連の作業に関することと見なされている。これは間違いではないが、マーケティングが本来果たすべき機能の一部でしかない。働きかける対象の需要を中心にして、その量と質、タイミングや対価などを、自分たち（つまり供給者）の目的に合ったかたちで構成していかなければならない。マーケティングを実行するものには、需要に対して対応するだけでなく、与えられた環境の中で需要を創造し、コントロールすることが期待される。

　マーケティングが扱い得る領域は広い。その対象は、製品やサービスにとどまらず、映画や音楽などを楽しむといった経験に関すること、オリンピックやお祭りなどのイベント（出来事）、人、場所や地域、土地や金融商品といった資産、企業をはじめとするさまざまな組織、各種情報、そして理念や考えといった極めて抽象的なものまで含まれる[1]。そして対象とそこへの働きかけ方や目的によって、マーケティングのアプローチも分類される。本書ではおもに、企業経営のための機能としてのマーケティング、すなわちマネジリアル・マーケティングを中心に説明を行う。

　実務の世界では、「いまほどマーケティングが重要な時代はない」とか「マーケティング・オリエンテッド（志向）な企業だけが勝ち残ることができる」といった言葉をよく耳にする。それでは、マーケティング志向の企業とは、どんな企業なのか。マーケティング志向の企業は、他の企業と何が異なるのか。

　この数年にわたって、フォーブス誌が発表している世界の高額所得者リストの最上位にいるのは、マイクロソフト社のビル・ゲイツである。まさにアメリカンドリームの体現者、ゲイツが築き上げたマイクロソフト社のサクセス・ストーリーの源泉は何だったのか。IBM社前CEOのルイス・ガースナー

は、次のように語っている。
「ソフトの世界では、最も巨大なこの競争相手も、決して技術が優れているとはいえない。しかし、私は20年間にわたりマーケティングの世界で生きてきた人間だが、これほどマーケティングに優れた企業は見たことがない」
　実際、マイクロソフトが、かつてマーケット・リーダーだったロータス1－2－3（表計算ソフト）やワードパーフェクト（ワープロソフト）を駆逐したその要因の中心は、技術力よりむしろ卓越したマーケティングのテクニックにあったといわれている。日本語のワープロソフトの定番だったジャストシステム社の一太郎が、市場でマイクロソフト・ワードの攻勢に押されてしまっている要因も、マイクロソフト社がそのOSであるウィンドウズを用いてしかけている、マーケティング戦略の巧みさにあるのではないだろうか。
　本章では、マーケティングの意義と期待される役割を、企業戦略の構図の中で見ていきたい。競争の激しい市場環境で、企業が生き残っていくためには、優れた「戦略」が欠かせない。しかし、企業戦略、事業戦略、マーケティング戦略、製品戦略、流通戦略など、ビジネスの世界で日常語になっているその戦略という言葉も、さまざまな使われ方をしている。まず、マーケティングの活動が企業のそれぞれの戦略の中でどのように位置づけられているのか見ていこう。

2　企業経営とマーケティング

（1）全社機能としてのマーケティング

　マーケティングの英語の綴りが、marketにingをつけたものであることからもマーケティングは「市場」に関する概念であることは直感的に分かるだろう。そこで、マーケティングを簡潔に定義すると「企業の目的を達成する交換を創出するために行われる、市場においての需要の調整に関わるプロセス」ということができる。しかし、これではまだ具体的なマーケティングのイメ

ージがわからないかもしれない。

　しばしば企業の中で実際に見受けられるマーケティングについての誤解の例を紹介しよう。多くは、真のマーケティング機能の一部分だけを「マーケティング」と勘違いしているものである。

　まず、「マーケティング」イコール「調査」と誤解しているケースが一般的によく見受けられる。「市場をきちんと理解するために、マーケティングをやらなければならないと思っているんだが…」といった企業の管理職の言葉は、そうした例である。市場のニーズを把握することや、競合製品（サービス）の特徴などを分析するのは、確かにマーケティングに重要な役割だが、調査だけがマーケティングのすべてではない。市場を見ることから発想するのはマーケティングにとって必須条件ではあるが、それだけでは十分ではない。

　次に、「当社は、他社に比べてマーケティングが足りないから、認知率が低い」といった発言は、「マーケティング」イコール「広告・宣伝・PR」活動と限定的にとらえている姿を示している。これらは、マーケティング・コミュニケーションといわれている機能であり、それをそのままマーケティングと理解することはできない。

　「うちは、次々に新しい商品を開発するマーケティング能力があるから他には負けない」という経営者の自信に満ちたせりふは、新製品の開発をマーケティングととらえているあかしだろう。斬新な新製品を作り出すことは、企業が競争に勝つ重要な要素であるが、ただその製品（またはサービス）が目新しく、高品質だけで期待する売上げが実現できると考えるのは、いささか楽観的すぎる。どこで売るのか、どうやって売るのか、いくらで売るのか、消費者にいかにその存在と特徴を効果的に伝えるのかなど、他にもマーケティングがかかわらなければならないことは数多く存在している。

　日本語になりにくく、それゆえそのままカタカナでつづられているアメリカ生まれのマーケティングは、企業の経営全般に関するものであり、売れる仕組みづくりを長期的かつトータルに構築していくための極めて広範囲な活動なのである。

ヒューレット・パッカード（HP）社の創業者の1人、デイビッド・パッカードが語った「マーケティングは、マーケティング部門だけにまかせるにはあまりに重要すぎる」という言葉は、企業全体においていかにマーケティングが欠かせないかということを的確に語っている。マーケティング部など、組織の中においてマーケティングの名がつく部門が活動の直接の担当になるのは当然だが、マーケティング思考とかマーケティング視点、マーケティング・マインドといわれているものは、組織内のすべての人に関係する技能なのである。それは、マーケティング活動の中心にある発想の起点が、消費者のニーズにおかれていることに起因しているからである。

　著名な経営学者であるピーター・ドラッカーは、『現代の経営』の中で、「企業の目的が顧客の創造であることから、企業には2つの基本的な機能が存在することになる」、「すなわち、マーケティングとイノベーションである」と述べている[2]。競争相手の企業と比べて少しでも効率的な経営を実現したり、先進的なテクノロジーによって他に真似のできない製品やサービスを提供したりすること、そして、それらを消費者ニーズにうまくフィットさせ、長期的に顧客満足を維持していく仕掛けづくりが重要なわけである。この2つを兼ね備えることが、企業が競争で生き残るための基本条件なのである。

（2）セリング・コンセプトとマーケティング・コンセプト

　先のドラッカーは、究極のマーケティングは、販売（セリング）を不要にすることだと述べ、マーケティング機能の役割が企業の中でもっとも大事なものの1つであると指摘している。

　セリング（販売）が、今日の糧を得ることを目的にした「売るための行為」であるとすれば、それに対してマーケティングは、将来にわたっての「売れる仕組みづくり」を考えることである。毎月ごと、毎期ごとの売上予算の達成には強力なセリングの力が必要とされる。しかし、他の製品と差別化を図り、確実に利益を上げ、企業が長期的に市場競争で生き残っていく基礎となる持続的な優位性は、マーケティング志向なくしては実現することはできない。

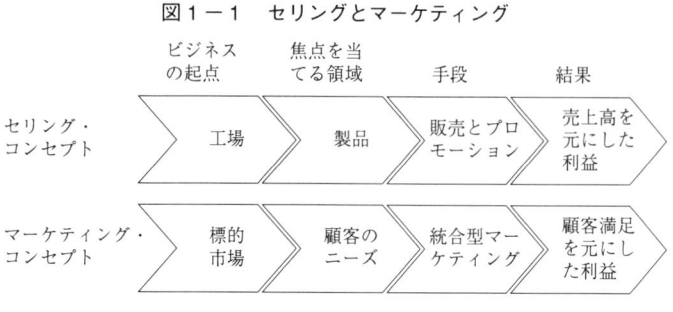

図1－1　セリングとマーケティング

出典：Kotler (2002) p. 20をもとに作成。

　図1－1はセリング（販売）志向とマーケティング志向の違いを、分かりやすくいくつかのフェーズで対比させたものである。双方の基本的なスタンスの違いといったものが見て取れるだろう。

　ここで気をつけておかねばならないことは、優れたマーケティング組織が企業内（もしくは、つながりのある外部組織）にあれば、営業部隊はいらなくなるかという疑問である。本当にそうか。結論からいえば、決してそんなことはないだろう。

　組織の部門としてのセールス（営業）は、ほとんどの会社で今後も変わらず必要とされるだろう。ただし、営業マンに求められる仕事は、口八丁手八丁でなんとかその時だけ売り込んでしまおうという「販売」テクニックではなく、顧客のニーズをきちんと把握でき、長期的にいい関係を築くことのできるマーケティング・マインドを持った「営業」に変わらざるを得ないということだ。営業マンたちが、顧客に一番近いフロントラインでその企業のレーダーとなり、適切な戦略策定の協力者として果たす役割はますます増してきている。

（3）　企業の5つの志向とマーケティング

　マーケティングに期待される役割は、近年ますます高まってきている。作れば売れたかつての「欠乏」の時代から、いかに顧客ニーズにフィットする製品のコンセプトを適切に見つけて開発し、適切に生産し、適切な価格で、

適切な流通経路を選択し、適切なコミュニケーションでそれらの情報を到達させるかという、「成熟」の時代へと大きくビジネスのパラダイムが転換している。

　市場への合理的な対応を続けてきた結果、企業の事業展開上の志向も時代とともに移り変わってきた。それらは大きく、生産→製造→販売→マーケティング→社会志向へと移り変わっている。以下は、その大きな流れを簡潔にまとめたものである。

①生産志向：安く、大量に製品を作ることが、消費者に受け入れられるポイントだと考えるやり方であり、有名なフォードのT型モデル生産の流れをくんだ思想。消費者の需要がメーカーの供給をはるかに上回っている時代の古典的な志向といえる。

②製造志向：品質の良いモノ（製品）さえ作れば、消費者は満足してくれるという考え方。いまそこにあるモノにだけ心を奪われた、悪い意味での技術屋の狭量なこだわりがその原因となることが多々ある。結果的に、顧客の真のニーズを見落としがちになる危険がある。正確さだけを至上命題としていたかつてのスイスの時計メーカーが、安さとかファッション性などの新たな顧客の欲求に目を向けず衰退していった例などがある。（後にスウォッチとして、大転換を果たした）。

③販売志向：多くの企業で見受けられる「売っていくら」という世界である。靴のかかとをすり減らし何十軒もの顧客を訪問したり、また利益を顧みずディスカウントの末に商品を売り込む姿は、いまもいたるところで見受けられる。販売の技術と汗によって実現する、短期的な売上げがその成果となる。

④マーケティング志向：販売志向が、いま「売る」行為に焦点を合わせているのに対し、マーケティング志向は、長期的に「売れる」仕組みをつくることに主眼をおいた考え方である。そのために何よりも不可欠なのは、顧客のニーズからの発想と彼らの満足による長期的かつ良好な関係の構築である。

⑤社会志向：良き市民としての企業をいかに確立し、知らしめるかを考慮した考え方である。消費者のニーズを満たすだけでなく、社会全体の利益に

も反しない製品（サービス）を提供することが求められる。具体的にいえば、環境破壊とか社会的なモラルに細心の注意を払った企業の政策の具現化であり、リサイクルを考えた製品作り（たとえば自動車のボルボ）とか、動物実験を行わないスキンケアやボディケア製品の開発（ザ・ボディショップ）などが例としてあげられる。

3 事業戦略とマーケティング戦略

（1）マーケティング戦略の位置づけ

　組織の中において、マーケティングは独立した機能では決してなく、企業全体の進路を示す基本戦略と方向性やアプローチを同一にすることが不可欠である。企業の基本事業戦略は、経営の基本方針を規定したものであり、それは売上額重視、シェア重視、利益率重視、マーケティング重視、研究開発重視といった異なる方針やその組み合わせを示す。

　たとえば家電業界を例に、ソニーと松下電器産業を比較してみよう。ソニーはイノベーションを重視し、斬新な新製品の投入で消費者のシーズとニーズを掘り起こし、自ら新たな市場を開拓していく研究開発型の企業として成長してきた。一方、松下電器産業は、歴史的にはどちらかといえばマーケティング重視型で、その卓越した流通施策と広告宣伝技術で、シェアと売上げの成長を実現してきたといえる。

　また、私たちに身近な小売業界をながめると、百貨店はその立地、しゃれた店内イメージと高級品の品揃えで個人顧客を集客するとともに、ブランド・イメージを背景に法人客を相手にしたビジネスを展開している。スーパーマーケットは、むしろ安売りやPB（プライベート・ブランド）で身近な商圏の主婦を購買層にすえ、薄利多売型のビジネスを行っている。つまり、ともに小売業という業種は同じでも、業態ごとの基本戦略は異なっているのである。

　このように、企業にはそれぞれの経営スタイルや文化によって異なる考え

方とやり方が存在しており、また属している業界によっても基本戦略は大きく異なってくる。

　マーケティング戦略は、事業の基本戦略に沿って計画されなければならない。それぞれ花には花の、木には木の育て方があるように、決して木に竹を接ぐような形で事業の基本戦略とマーケティング戦略を別々に構築することは避けなければならない。

（2）　企業の4つの競争的ポジション

　万病に効く魔法の薬がないのと同様に、マーケティング戦略にも唯一絶対という処方は存在しない。しかし、ビジネスとは競争であることから、他社との競合環境の中におかれている自社の立場によって、「できること」と「やらなければならないこと」がおおかた決まってくるのもビジネス社会の現実である。マイクロソフト社にできることが、アップル社にできるとは限らないだろうし、またアップル社がやらねばならないこととマイクロソフト社がやろうとしていることは同じではないはずである。つまり、類型というものがそこには存在しているのである。

　コトラーは、企業をそれぞれの競争上の地位によって、次の4つのいずれかに位置づけることができるとしている[3]。

1）　マーケットリーダー

　マーケット・リーダーは、日本の市場におけるトヨタ自動車（自動車）や富士写真フィルム（フィルム）、資生堂（化粧品）、日本コカコーラ（清涼飲料）といったその業界で最大の市場シェアを持つ企業である。同業他社に比べて強い流通支配力を持ち、店頭でのカテゴリーの価格決定権も、通常はこれらリーダー企業が握っている。

　リーダー企業は、①今までカバーしなかった顧客を新たに取り込んだり、既存製品の新規用途の提案を通じて市場規模全体を拡大、②絶え間ないコストダウンで高い収益性をより強め、高品質、高サービスの製品を市場に提供することでさらにシェアを拡大、③競争相手が値引きなどの戦術で攻めてき

たときには、規模の力でそれと同等の戦いに持ち込み、体力勝負で相手をつぶす、といったさまざまな戦法を採ることができる。

2）マーケット・チャレンジャー

　先の例でいえば、自動車業界の日産自動車あるいは本田技研工業、フィルム業界のコニカや日本コダック、化粧品では花王や鐘紡が当てはまる。業界のリーダー企業に次ぐ規模で市場展開している2番手、3番手の企業がここに位置される。

　チャレンジャー戦略の定石は、基本的には差別化の一言につきる。量的拡大を求めるマーケット・リーダーの「皆から愛されたい」という、いわば八方美人的行動の弱点を突くことが基本である。

3）マーケット・フォロワー

　事業規模でチャレンジャーの後塵に位置する企業である。一気に市場で上位企業を抜き去ろうすることはなく、シェアの拡大より自社の市場での存続を最優先する傾向がある。チャレンジングな新製品開発に伴う大型の投資をせず、むしろ先行企業が開拓した市場の一角を、低価格の製品により確保するのが、一般的なフォロワーのスタイルである。

4）マーケット・ニッチャー

　先行の大手企業が見逃している、もしくは手が回らない隙間（ニッチ）を探り出し、その特定の市場で独自の地位を確保している企業のことである。自動車業界で見れば、ポルシェとかジャガーなどがそのポジションの例である。日本のスズキもまた、軽自動車に特化したニッチ・プレイヤーの代表である。これらは単一の市場全体の中でのシェアは低くても、他にない製品特徴と狙いを絞った顧客層を対象にして高い利益率を上げているところが多いといえる。

表 1－1　4つの競争的ポジション

戦略の方向性	戦略の方向性	ポイント
マーケット・リーダー	全方位の展開をする 市場の規模を拡大する	規模の経済を用いて、コスト上の優位性を確立する
マーケット・チャレンジャー	リーダーとの差別化を図る	リーダー企業のブラインドを見つけて攻撃する
マーケット・フォロワー	効率的なオペレーションの仕組みを作る	投資リスクを極力避ける
マーケット・ニッチャー	得意な特定分野に集中する	製品、流通経路などを限定的かつ効率的に絞る

　自分の企業が、これらのどれかを考えるときに注意しなければならないことは、複数の事業を行っている企業は、それぞれの事業単位の競争状況で判断しなければいけないということだ。たとえば、JTは日本のタバコ市場でリーダー企業だが、医薬事業では後発のニッチャーにすぎない。また、本田技研工業は自動車ではチャレンジャーのポジションだが、二輪市場では明らかにマーケット・リーダーである。また、サントリーはウイスキーではリーダーである一方、清涼飲料の市場ではチャレンジャーといった具合である。

　上の表は、これら4つに類型された企業（もしくは事業）が採らねばならない基本的な戦略の方向性をまとめたものである。自社の相対的な位置づけから自分たちが具体的に何をすべきかを考えるだけでなく、自分たちがもし競合企業だった場合、どういった戦略を採らざるを得ないか「敵を読む」イマジネーションを働かせることが、マーケティング思考では重要である。

4　マーケティング・プロセス

（1）マーケティング・プロセス

　それでは、実際のマーケティング全体の活動にはどのようなものがあるのだろうか。次に示すものが、その代表的な活動プロセスである。

1）市場機会の分析

図1－2　マーケティング・プロセス

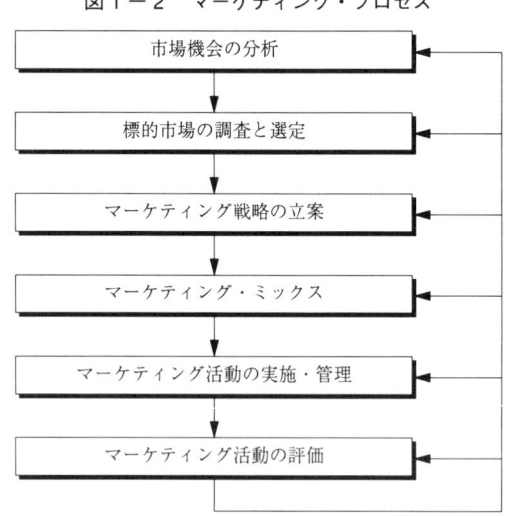

　自分たちのビジネスに関係する業界や、対象とすべき顧客について分析し、事業機会の確認と測定を行う。そのために業界、消費者、競合企業、そのほかに社会環境などのさまざまな情報が集められ、検討が加えられる。

2）標的市場の調査と選定
　市場とは地理的なある区分けを指すだけではなく、さまざまな意味での顧客の集団を示す。そのような市場、つまり顧客グループを区分けするやり方を、市場セグメンテーション（細分化）と呼ぶ。ほとんどの製品（サービス）は、ある特定の顧客層に対して他の顧客層より強く受け入れられ、結果としてより大きな満足を提供できるからである。
　効率的なマーケティングを展開するためには、自分たちにとってだけの特定のグループを狙い撃ちするのが不可欠である。これを、ターゲット（標的）マーケティングと呼んでいる。

3）マーケティング戦略の立案
　実際は、マーケティング戦略にもいろいろな階層が存在するが、最上位の

戦略オプションとしてはM. E. ポーターが構築したコスト・リーダーシップ、差別化、集中化の3つの考えがある[4]。戦略は、先に説明したそれぞれの企業がおかれている競争上の地位（リーダー、チャレンジャー、フォロワー、ニッチャー）や、事業方針などによって規定される。

4）マーケティング・ミックス

　マーケティング・ミックスとは、企業が先に選定したターゲット市場において、目標（売上げや利益、市場シェアの獲得など）を達成するために組み合わせて用いるマーケティングのツールのことである。それらは、具体的には、製品戦略、価格戦略、流通チャネル戦略、プロモーション戦略の4つの要素に整理され、それぞれの英語表記（Product, Price, Place, Promotion）の頭文字から一般的に「4P」とも呼ばれている[5]。

5）マーケティング活動の実施・管理

　戦略は効率的に実施されて初めて、期待した結果を生むことができる。企業は、立案したマーケティング戦略をタイミング良く、最大限に実施しなければならない。そのためには、適切な組織の構築と予算のコントロールが必要である。そして、良い成果を上げるためには、マーケティング部門だけでなく社内の各セクションや外部の機関（たとえば、広告会社やPR会社）との協調もまた欠かせない。

6）マーケティング活動の評価

　この段階では、期待した結果と実際の成果を比較し、そのギャップを測定するとともに、主たる要因となるものを見極めなければならない。それらには、戦略の間違い、4Pのいずれかの市場との不適合、投入マーケティング予算や実施タイミングのミス、社内の不調和などの内的要因と、競合企業の予期せぬ動きや社会環境の変化などの外的要因が考えられる。抽出された要因は、今後のマーケティング活動の修整や見直しのために、きちんとフィード

バックされなければならない。

計画を実行したまま、きちんとその費用対効果の測定をしないまま済ませたり、目標と成果のギャップを十分に分析しない状態で放置して次の計画にかかったりしている企業が多々存在するが、失敗の同じ轍を踏まないためにも、実施後の活動はしっかり検証するようにしたい。

（2）マーケティング戦略とマーケティング戦術

戦略と戦術は、切っても切り離せないものである。戦術を伴わない戦略では、具体的な成果を期待することはできない。同様に、戦術はあるが戦略レベルのプランがなければ、たいていは長期的に競争相手と戦っていくことは難しくなる。戦略と戦術は、ビジネスの現場でしばしば混同されて用いられているが、きちんとその概念を区別しておく必要がある。

戦略と戦術の関係と、企業への影響の与え方についてまとめたものが図1－3である。

Ⅰ　効果的な戦略が効率的な戦術によって実行された場合、企業にはもっとも望ましい成果がもたらされる。
Ⅱ　自社にとって間違った戦略を策定し、そのための効率的な戦術を採った

図1－3　企業の戦略と戦術

	戦　略	
	非効果的	効果的
戦術 効果的	Ⅱ （たちまち） 破滅	Ⅰ 繁栄
戦術 非効果的	Ⅲ （ゆっくりと） 破滅	Ⅳ 生き残る

出典：M・マクドナルドほか（1997年）、2ページをもとに作成。

場合は、どうなるか。ここでは、企業は致命的な打撃を受けることになる。

Ⅲ　自社にとって効果的でない戦略を、非効率な手段で実現しようとした際を考えてみよう。この場合、企業はボディブローのような痛みを受けることになり、次第に、確実に市場で競争力を失っていく。

Ⅳ　戦略は優れていても、その実施策が非効率的だった場合、短期的なダメージを受ける危険がある。その際の解決策としては、右上のボックスの位置へ移動できるよう戦術を再度練り直した上で遂行することが求められる。

以上のように、戦略の策定は、その企業においての盛衰を左右することから、常にトップマネジメントによって最優先されねばならない課題といえる。

5　マーケティング・プラン

(1) マーケティング・プランの必要性

マーケティング・プランは、効果的なマーケティングを成功に導くための中核となる。しかし、その必要性の度合いは、企業のおかれた状況や企業文化、経営のスタイルによって異なる。次のマトリックスは、そのためのガイドラインを示している。

図1－4　マーケティング・プランの形式

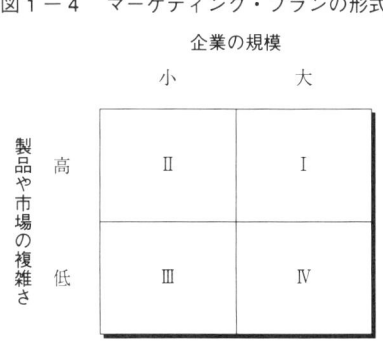

出典：M・マクドナルドほか（1997年）、48ページをもとに作成。

Ⅰ　この場合、マーケティングの遂行について、誰が、いつ、何を実行しなければならないかを明確にしておく必要がある。複雑な状況の下で経営資源を最適に調整していくため、必要に応じて誰もが立ち返ることのできる形式に則したプランが求められる。

Ⅱ　中小の企業でも、扱っている製品や市場が複雑な場合、ある程度の形式を備えたマーケティング・プランを作成しておくことが不可欠である。

Ⅲ　形式にこだわった複雑なマーケティング・プランは必要としない。むしろ、分かりやすい簡潔な販売プランといったものの方が、実際に役立つケースが多い。

Ⅳ　ここでは、どの程度の内容が盛り込まれたプランを作成しておくかは、個々の企業の持つ文化や経営のスタイルによるところが大きいといえる。通常、Ⅰのボックスほどの規模のプランは不要だが、社内の意志疎通に役立つ程度に整えられたものは構築しておく必要がある。

　マーケティング・プランを作成するにあたっては、必要以上に複雑なものは避けたいものである。高層ビルの建築のための設計図と、日曜大工で建てる物置小屋の設計図面にかける労力が同じであってよいはずはない。鶏を割くに牛刀を用いるなかれ。見た目だけすばらしい、絵に描いた餅にならぬよう、企業の規模や扱っている製品のライン（取り揃え）、対象とすべき顧客グループなどによって、過不足のない効果的なマーケティング・プランが構成されることが何よりも肝心である。

（2）マーケティング・プランの策定フェーズ

　マーケティング活動には、これで終わりというはっきりとした終着点はない。今日一日が終わってもまた明日が訪れるように、マーケティングは循環するプロセスとして、常に進化させていかなければならないものである。プロセスというのは、明確な方向性を備えた一連の流れであり、その全体は統合され、有機的に結びついたアクション（行為）の連続性が必須になる。

図1−5 マーケティング・プラン策定の4フェーズ

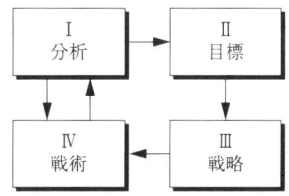

　企業経営の設計図であり、マーケティング活動のベースとなるのがマーケティング・プランである。マーケティング・プランの策定段階は、大きく次の4つのフェーズに分割される。

Ⅰ　分析：市場とその中での自社のポジションを競合関係の中でとらえる。
Ⅱ　目標：分析に基づいて、売上げや利益の（事業ごとの）数値目標を設定する。その際、それらは組織全体の目標と同じ線上に乗っている必要がある。
Ⅲ　戦略：それらの目標を実現するための、事業ごとの大枠での指針を決定する。これらが基になり、企業全体の戦略を構築することになる。
Ⅳ　戦術：ここでは戦略を効率的に実施し、目標を達成するための具体的な施策を決定する。フェーズⅠの分析の結果にきちんと対応しているものでなければならない。

（3）マーケティング・プラン作成者の諸ステップ
　プランを作成する担当者が踏まなければならない作業を示すと、次のようになる。

1) 過去のデータの整理と分析
　市場全体とカテゴリー内での売上げやシェア、利益額の推移と現状の把握。定量的データをできるだけ収集し、競合環境の中でとらえる。

2) 現状の背景データの収集、分析
　対象とする市場構造（たとえば新規参入とか、革新的新製品の登場、流通

チャネルの変化)、長期的トレンド、短期的動向を分析する。具体的には、売上げのデータを集中的に読み取ることによって、個々の製品やカテゴリーの隠れた問題点を発見したり、事業展開をしている産業やカテゴリー全体の自社にとっての魅力度を測定する。

また、顧客のプロファイルを明確にし、彼らのとる行動や理由についての知見を得るよう努める。さらには、競争相手の現況の把握や将来の行動の予測も欠かすことができない。

3) 課題の抽出

状況の分析ができたら、そこから自社にとってどう作用するかのその意味を探っていく。単なる情報を戦略的な知識に変えていくプロセスである。売上げなどの社内の情報と競合企業に関する情報、そして市場(顧客)の情報を時間軸の中で多角的に分析する。

今後のマーケティング目標の設定とマーケティング戦略策定のベースとなる、作成者にとって特に重要なステップである。年間を通じて何を行うかの決定につながるため、戦略的思考に基づいたしっかりとした考察が要求される。

4) 目標の設定

目標には、財務上の目標とマーケティング上の目標が設定される。財務上の目標は、各製品や事業単位の純利益や投資収益率などの指標で表される。

そして、財務上の目的はマーケティング上の目標へも転換される。たとえば、ある額の利益を次年度に上げたいと考えたなら、商品の目標利益率等を考慮した上で、数量でいくら販売しなければならないか、そのためには市場シェアをどのくらいアップしなければ実現できないか、さらには、シェアアップのためには消費者の認知や流通販路をどう改善すべきかといった目標を明確にすることが求められる。

5) マーケティング戦略

先に説明した目標を達成するためにマーケティング戦略を構築、選定する。たとえば、ある製品の売上げをX％増やすという目的に対する戦略としては、いくつかの道筋が考えられる。それらは、全体の売上数量を拡大する、平均価格を上げる、高価格帯の製品を強化するなどである。

そして、戦略の選択が異なれば、4P（製品、価格、流通、プロモーション）に代表されるマーケティング・ミックスも当然異なってくる。

6）調整および修整

何度も繰り返しているように、マーケティングは全社的な機能であり、マーケティング部門の担当者が1人ですべてを完遂することは明らかに不可能である。社内の各機能を有機的に統合することで、効果的に実行できるようになる。そのためにもマーケティング・プラン作成の段階から、各部門と十分に討議がなされ、調整が進められる必要がある。

たとえば、新製品の開発については研究・開発部門、コスト削減を狙った製品改良には購買や製造部門、流通網の開拓には営業部門、大がかりで集中的な広告宣伝活動には財務部門などとのコンセンサスが不可欠である。また、マーケティング活動は、多額の支出を伴う投資活動の1つであることから、経営トップの理解がなければ意味をなさないのはいうまでもない。

（4）マーケティング・プランの基本要素

書類としてのマーケティング・プランは、それぞれの企業が独自のものを作り、使用している。しかし、上記のステップに基づいた活動を分かりやすくまとめると、共通した要素を含むフォーマットにまとめることができる。表1－2は、典型的なマーケティング・プランの概略を示したものである。

マーケティング・プランは必ず毎年、会計年度に合わせて作成される。基本的には向こう1年間をカバーするものだが、同時に3年くらいの中期計画を併せたものもよくある。

マーケティング・プランは財務諸表などと異なり、外部に出すものではな

表1−2　マーケティング・プラン概略

I	基本事業方針
II	これまでのビジネスの実績
III	財務上の将来予測
IV	市場の概要
V	競合環境分析
VI	ポートフォリオ分析
VII	主要仮説
VIII	マーケティング目標と戦略
IX	活動プラン
X	予想損益計算書

い。企業が自分たちの活動に役に立つフォーマットを自由に工夫することが望ましい。

6　フォーカスとミックス

（1）ポイントを狙い撃ちするための「フォーカス」手法

　安く大量に作れば、誰もが買ってくれるという時代は完全に終わった。住宅を除けば、われわれの生活にとって基本的に必要なもののおおかたはそろっている、といったら過言だろうか。確かにパソコンを新たに買い換えたいとか、プラズマ・ディスプレイのテレビを購入したい、というように人間の消費欲求は企業によって開発されつつ、とどまることはない。しかし、まだものが少なく、誰もがテレビや電気冷蔵庫を持ちたいと願った時代は、遠く過ぎ去った。モノからこころへ、といわれて久しいように、消費者がその消費対象とするものは大きく変わったのである。

　こうした物的に成熟もしくは飽和した社会が実現するにつれ、消費者に対して効果的にマーケティングを仕掛けていくために、製品の差別化が必須になってきた。市場（顧客）のニーズは一面的で同質なものではなく、企業がそれぞれの切り取り方で区分けして初めて、意味のある存在になるのである。そうし

た市場の切り取り方として、一般的に次の4つの基準が用いられる。

①地理基準：消費者の住んでいる地域性（都市部か郊外か、気候、文化・習慣など）に関すること。
②人口動態基準：たとえば、消費者の年齢、性別、家族構成など。
③心理基準：たとえば、消費者のライフスタイルや価値観といったもの。
④行動基準：たとえば、使用度合い（ヘビー・ユーザー、ミドル・ユーザー、ライト・ユーザーなど）、銘柄の主要選択要因（値段、品質、ブランドなど）等を用いる。

　以上の切り口は、それぞれ単独で用いられるのではなく、通常はいくつかの軸を合わせたやり方で、有意な対象を見つけ出し規定するのに用いられる。このように市場を切り分けることで顧客の顔を見やすくする考えがマーケット・セグメンテーション（市場細分化）である。そして、そのようなやり方で対象を絞り込み狙いを定めたマーケティングをターゲット（標的）マーケティングと呼ぶ。（マーケット・セグメンテーションについては、次章を参照のこと）
　マス（大衆）ではなく、ターゲットに狙いを定めることは、言い換えればフォーカスを絞ることである。その目的は、効果的なマーケティングを実施することにある。欲を出して、日本全国の誰かれかまわず自分たちの顧客にしようとするのは無駄が多いだけでなく、消費者サイドから見ても誰のための商品なのか曖昧にしか映らず、結局誰も顧客となり得ない危険性が大きい。

（2）手段の最適化を図る「ミックス」手法
　「フォーカス」と並んで、マーケティングの基本的なコンセプトとして忘れてならないのが、「ミックス」の概念である。これは一言でいってしまえば、2＋2を4でなく5とか6にする考え方である。最適な組み合わせがもたらすシナジー（相乗）効果と言い換えることもできる。

マーケティングの世界では、マーケティング・ミックス、メディア・ミックス、プロモーション・ミックス、プロダクト・ミックスなど、ミックスという言葉と組み合わされた用語が多々用いられる。この場合のミックスとは、組み合わせることで全体が個の集合より大きくなったり、付加価値を高めたりする最適な組み合わせのことを示している。マーケティング資源（資金、製品、人材、時間、情報）が限られている場合は（通常、どの企業でもそうなのだが）、いかに組み合わせの妙で効率的なマーケティングを展開するかがポイントになる。

腕のいい料理人が、どこの家の冷蔵庫の中にもあるような限られた食材を用いて、みごとにレストランの味を出すような術（すべ）をイメージしていただければ分かりやすいかもしれない。

以上のように、マーケティングの基本は「フォーカス」と「ミックス」に集約することができる。これらは、それぞれ「効果」と「効率」を追求する考え方として、マーケティング思考の基本中の基本といえる。

練習課題

1 企業の5つの志向という考えにおいて、最終的な形態は社会志向であると定義されている。企業にとって、このことは現実的に可能か。もしそうでない場合、社会志向実現の障害となっているものにはどんなものがあるか考えてみよう。

2 自分にとって興味のある業界を選び、その中の企業を4つの競争上の地位に当てはめてみよう。

3 最近あなたが購入したもの（製品あるいはサービス）を対象に、その企業のマーケティングをマーケティング・ミックス（4P）の観点から分析してみよう。

注
1　Kotler (2002) pp. 5-8.

2　ドラッカー（1996）、49ページ。
3　Kotler (2002) pp. 254-272.
4　Porter (1980)、訳書（1982）。
5　E. J. マッカーシーが『ベーシック・マーケティング』で唱えたマーケティング活動を構成する4大要素である。

第2章　市場の構造を理解する

エッセンス

・マーケティングの計画を立案するにあたっては、自社の業績をしっかり振り返るとともに、競争を行っている業界環境をしっかり見回しておくことが肝心である。

・ビジネスとは、ある面で競争そのものである。自社にとって無益な戦いをさけるためにも、実戦の前にその戦場がどういう状況なのかをしっかり見定めておかねばならない。プロダクト・ライフサイクル理論やBCGマトリックス、方向性策定マトリックスを用いて、市場の構造を確実に分析する。

・効果的なマーケティングを展開するには、自社製品やサービスの優位性が何であるかを顧客の視点から明確にしなくてはならない。多様なニーズが存在する市場の中から、顧客を細分化して狙うべき標的（ターゲット）をきちんと定めよう。

・企業を取り巻くマーケティング環境には、内部的なものと外部的なものが存在する。マーケティングの考え方を進めるうえでは、そうしたさまざま環境との適合性が重要なポイントになる。

1　自社および業界の分析

（1）SBUミッションの明確化

　マーケティング・プランの冒頭におかれるべきものは、それぞれのSBU（Strategic Business Unit：戦略事業単位）のミッション（使命）を文章で示したものである。それは事業部のおかれている立場を明確に表し、企業全体の中での存在意義を明らかにするためのものである。長々とした説明は不用で簡潔に述べられるべきだが、次のようなポイントを忘れてはならない。

①そのSBUの役割。たとえば日々の利益を稼ぐところなのか、企業のサービス部門であるのか、将来の好機に向け新たなビジネスを構築するところなのかなど。

②領域とするビジネスの定義。

③SBUとして兼ね備えている競争上のコンピタンス（能力）。

④将来への指針。たとえば新しいセグメントへ参入する予定であるといったこと。

（2）自社の業績のまとめ

　マーケティング・プランは、これから自分たちが何をどのように実施しようとしているかを示し、企業全体にとっての明確な足掛かりとなるものであり、そのためにはまず、SBUの現在の実績をまとめることが必要である。

　ここでは実績の詳細は不要だが、実績の定量的なサマリーだけでなく、当該マネジャーはその良い理由、または悪かった理由を簡潔に示すことが期待される。

　売上げ、利益額、利益率などの基本情報は、過去の数年（たとえば3年間）との比較ができるような形でデータとして整理がなされる。また、それらの数字の算定方法は、当然のことながらマーケティング・プラン全体を通じて共通のものが使用されなければならない。

（3）業界の動向把握

　自社企業SBUの実績のまとめを行った後、次のステップとして、自分たちを取り巻く業界の実績等をまとめておくことは、競争環境の中での自社のポジションを知るのに役に立つ。

　まず、業界の市場規模、成長率、利益率水準などの業界の現在のプロファイルを把握するための基本的なデータを収集、整理する。これらはまた、セグメント別、カテゴリー別、エリア別、チャネル別などに分類される。競合関係がどうなっているかも重要な情報である。

　次に業界内の主要競合企業はどこで、それぞれどのくらいの売上げ、シェアを持っているのか、またそれらの時系列情報と主要製品・サービスの歴史的流れを分析する。また、業界としての参入と撤退障壁にはどんなものがあるかといったことも調査される。市場から退出するコストが極めて高い場合、業界内の競争が過熱化されるにつれて戦いは泥試合化する恐れがあり、業界の魅力度を損なう危険性が高くなることが予想される。

　新規参入の可能性が考えられる企業についても考慮がなされなければならない。その企業はどこか、参入してくるとしたらいつで、どのような技術を導入してくる可能性があるのか。また、新規参入が行われた場合、業界のシェア構造はどのように変化するかなどの点を予測して、対抗策を考えておかなければならない。

　また、現存の製品に取って代わるかもしれない代替品の登場についても考慮しておく必要がある。どういったものが自社製品の代替品になるかを正確につかむことは困難を伴うが、顧客のニーズや製品への満足度の変化を敏感にキャッチする仕組みをつくり、代替品の登場を促進する諸条件を理解しておくとともに、登場の際のインパクトも予測しておくことが必要である。

　業界の構造を押さえておくためには、自社と競合企業にとっての供給業者と買い手の交渉力を見定めておくことも重要である。この場合の売り手とは、原材料、部品などの供給者のことだが、パソコンメーカーに対するインテル（ペンティアム）のように、少数の供給者に業界が大きく左右される場合があ

る。その度合いや、今後の方向性について確認がなされる。

　買い手とは、メーカーであればたとえば流通業界のように、その業界から製品を購入する業界のことである。セブン・イレブンに代表されるコンビニエンス・ストア業界は、POSなどの情報技術の先進的な利用によって消費者の購買行動をメーカーより正確に把握するとともに、本部による大量購買を武器にした強力な交渉力をメーカーに対して持っている。買い手の業界の種類、企業数、規模、寡占度、今後の動向を正確につかむことで、それらの影響力を十分に理解しておく必要がある。

　ハーバード大学のM. E. ポーターによってこれらが概念図化されたものが、図2－1である。

（4）業界の環境分析

　ここまで、業界内の仕組みを構造的に分析するフレームワークを示してきたが、業界をさらに取り囲む社会システムや社会環境という枠組みも見落としてはならない。たとえば、タバコ業界にとってのビジネスの行方は業界内のシェア競争だけではなく、さまざまな規制や、健康に関する消費者意識の

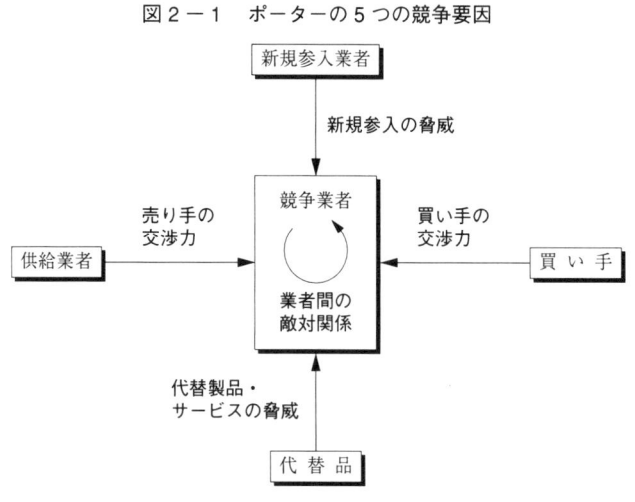

図2－1　ポーターの5つの競争要因

出典：M.E. ポーター（1982年）、18ページ。

変化、嫌煙権をめぐる議論など、これからの社会環境とどのように適合できるかが極めて重要である。今後、自動車業界にとっては、燃料電池の開発など、エコロジーに配慮した製品をどのように開発できるかが重要なポイントになるだろう。医薬業界では、新薬の開発といった研究上のイノベーションが、その勢力図を塗り替える力を持っている。また当然ながら、可処分所得の変動に伴う消費者の嗜好の変化も重要な要件になる。

　企業は自社の属している業界にとって重大な影響を与えそうな要因が何なのか、正確に見極めるとともに、その動向を常に理解しておかねばならない。

2　市場構造分析

（1）プロダクト・ライフサイクル（PLC）理論

　業界や製品・サービスの構造を時間軸でとらえる枠組みに、これから説明するプロダクト・ライフサイクル理論がある。これは生物と同様に製品にも誕生から死滅までの時間的ステージが存在しているという考え方がベースになっている。

　一般的にプロダクト・ライフサイクルは、図2－2に示されるようにS字曲線を描くモデルとして理解されており、発展段階によって導入期、成長期、成熟期、衰退期の4つのステージに分けられる。各段階ごとの競争メカニズムや市場特性を理解することで、市場浸透予測に役立てたり、マーケティング戦略策定のガイドラインの1つとするなどに用いられる。

1）導入期

　新しい製品を企業が市場に導入し、市場開拓を始める段階。市場の抵抗が大きく、市場での普及はゆっくりと進む。この時期は需要も小さく、一般的に売上げの増加率もそれほど高くない。研究開発や設備の建設など先行投資が大きく、稼働率もまだ高くない。

　一方、導入のためのマーケティング支出がかかるので、利益は望めない段

図2−2　プロダクト・ライフサイクル

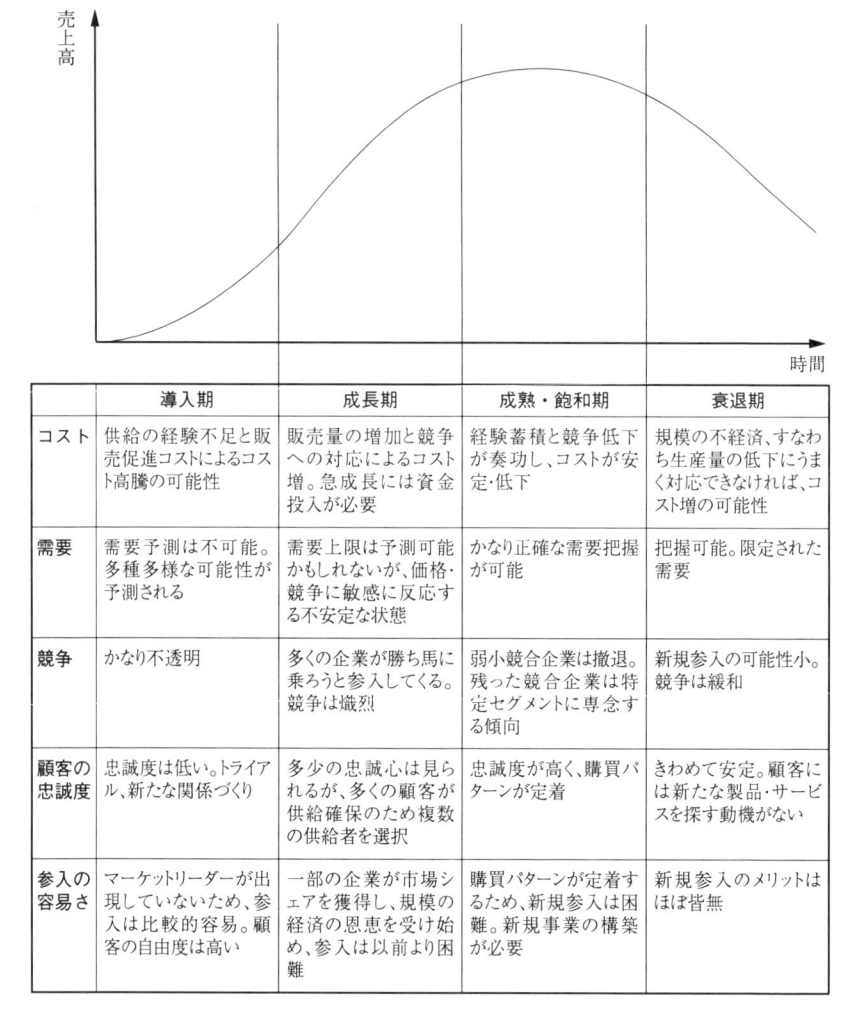

	導入期	成長期	成熟・飽和期	衰退期
コスト	供給の経験不足と販売促進コストによるコスト高騰の可能性	販売量の増加と競争への対応によるコスト増。急成長には資金投入が必要	経験蓄積と競争低下が奏功し、コストが安定・低下	規模の不経済、すなわち生産量の低下にうまく対応できなければ、コスト増の可能性
需要	需要予測は不可能。多種多様な可能性が予測される	需要上限は予測可能かもしれないが、価格・競争に敏感に反応する不安定な状態	かなり正確な需要把握が可能	把握可能。限定された需要
競争	かなり不透明	多くの企業が勝ち馬に乗ろうと参入してくる。競争は熾烈	弱小競合企業は撤退。残った競合企業は特定セグメントに専念する傾向	新規参入の可能性小。競争は緩和
顧客の忠誠度	忠誠度は低い。トライアル、新たな関係づくり	多少の忠誠心は見られるが、多くの顧客が供給確保のため複数の供給者を選択	忠誠度が高く、購買パターンが定着	きわめて安定。顧客には新たな製品・サービスを探す動機がない
参入の容易さ	マーケットリーダーが出現していないため、参入は比較的容易。顧客の自由度は高い	一部の企業が市場シェアを獲得し、規模の経済の恩恵を受け始め、参入は以前より困難	購買パターンが定着するため、新規参入は困難。新規事業の構築が必要	新規参入のメリットはほぼ皆無

出典：M・マクドナルド（1997年）、65ページをもとに作成。

階といえる。一般消費財であれば、この段階のマーケティング活動としては、まずは新製品の認知率を高めるための積極的な広告やサンプリング、パブリシティ、店頭デモンストレーションなどによる話題づくりが重要になる。流通チャネル対策も含め、この時期のマーケティング活動が、その後の成果へ

大きな影響を及ぼすことが多い。

　マーケティング担当者は、実行後の効果測定により、顧客の当該製品に関する知名率や使用経験の推移、反復購買比率などの関係を分析するとともに、戦略の調整を行う必要がある。

2）　成長期

　需要が拡大し、売上げも急成長する段階。先行者受益を享受できる時期である。やがて、多くの参入企業が登場してくることが予想されるが、それによって市場はさらなる拡大を続ける。認知度が高まるとともに、ユーザーが全国的に広がっていき、利益機会も増大する。後続の製品と比べた自社ブランドの特徴を的確に訴求する広告表現などコミュニケーション戦略上の差別化を積極的に図る必要が出てくる。製品のラインを拡張することや、チャネル・カバレッジ（使用可能な販路）の拡大も重要なポイントになってくる。マーケティング担当者には、そのほかにマーケティング投資効率のチェックや競合のマーケティング戦略の分析などが求められる。

　この時期のフォロワー（追随企業）の戦略においては、先行ブランドの普及率が10から15％になる直前に導入すると、先行企業がかけた導入期の投資を行うことなく成長期の利益を生み出すことができるといわれている。いずれにせよ、市場の動向をしっかりと観察しつつ戦略案を策定していくことが肝要である。

3）　成熟期

　売上高の増加率がやがて低下し、もっとも競争が激しい段階が訪れる。多数の競合ブランドがシェアを食い合うようになり、価格競争も始まるだろう。さらに広告費や販売促進にかかる費用も増加し、利益は減少していく傾向にある。その結果、競合企業の中での弱者は市場から撤退していくことになる。

　リーダー企業は、製品の品質を高めるなどして顧客満足度を一層向上させながら、新たなイノベーションの開発に注力し、一方で下位メーカーたちは、

店頭でのディスカウントなどの価格プロモーションでなんとかその地位を確保するよう努力を続けることになる。

4）衰退期

　この時期になると、売上げは低下し、利益もさほど生じなくなってくる。その理由としては、技術革新による代替品の登場や顧客のライフスタイルの変化などさまざまなものがあげられる。この段階では、収益を極大化するために徹底した効率化の方策が求められる。製品ラインを絞り込むことや、広告や販売促進にかける費用を厳しくカットすることが求められるかもしれない。また、企業全体の効率化のためには、該当製品の撤退も検討しなければならい場合もある。

　プロダクト・ライフサイクルの考えは、製品の成長段階ごとの特徴を示し、企業が採るべき方策を示してくれる。しかし現実的には、すべての製品がS字型の成長カーブを描き、やがては消えていくわけではない。また、その成長過程もさまざまな形態を見せるため、時間軸に即した具体的な将来予測に役立てるのには限界がある点にも注意が必要である。また、売れなくなったからといってすぐ衰退期に入ったと判断することにも気をつけなければならない。成長力の残っている製品が、消費者ニーズとの微妙なギャップがもとで売上げが減少しただけという場合が、しばしば考えられるからである。

（2）BCGマトリックス

　老舗の和菓子屋の中には、ただ一種類のお菓子のみを固く守り続けているようなところがある。しかし、ほとんどの企業は複数の製品やサービスを市場で販売している。またある程度以上の企業規模になれば、事業そのものを多面的に展開するようになる。そのような複数の製品・サービス、あるいは事業を企業の全社戦略や事業戦略の中で最適に組み合わせることで全体の成長性を実現させるための考え方に、ボストン・コンサルティング・グループ

図2-3　BCG（ボストン・コンサルティング・グループ）マトリックス

```
              相対市場シェア
              高        低
        ┌─────────┬─────────┐
      高│スター(Star)│問題児(?) │
市場      ├─────────┼─────────┤
成長率   │金のなる木 │負け犬(Dog)│
      低│(Cash Cow)│          │
        └─────────┴─────────┘
```

が開発したPPM（プロダクト・ポートフォリオ・マネジメント）と呼ばれる手法がある。

　相対市場シェアと市場成長率の2軸を基にして作成されるBCG（ボストン・コンサルティング・グループ）マトリックスは、自社が各事業（製品・サービス）について今後どういった施策を採るかの決定に際して、各ボックスごとに示唆を与えている。

　スター（Star）のボックスに位置するものを大切に育て、将来の金のなる木に育てるべく強化する。市場成長率の高い領域でトップ・シェアを持っているならば、そのシェア・ポジションを維持しつつ成長するように積極的に投資すべきとの判断が考えられる。製品のライフサイクル上、その市場の成長率が低下したときに現行の市場シェアを維持していれば、後はゆっくり利益を上げキャッシュを回収する「金のなる木」へと移行させればよいからだ。方策としては次のようなものが、求められる。
① 製品・サービスを開発する
② R&D（研究開発）に投資する
③ 積極的なプロモーションを実施する
④ 競合企業との位置づけを常に維持し続ける、など。

　金のなる木（Cash Cow）ボックスに位置する事業は、今後の投資を厳しく

コントロールし、できる限り長期にわたり収益を確保できるようにする。なぜなら、成熟した市場では、ライフサイクルの後期に入っているので、投資に見合うだけのシェア拡大は狙いにくいからである。むしろシェアを維持するための最低限のレベルに投資を控え、利益の刈り取りをすることで、次に「金のなる木」になりそうな事業にこそ投資を振り向けるという考えができる。ここでは、次のような方策が検討される。

① 製品、サービスを縮小
② 市場をより細分化し、ターゲットを絞る
③ コストを削減（ただし、必要以上に削減してはならない）
④ 在庫回転率を高める、など。

　問題児（クエスチョン・マーク）に位置する事業は、スターに変身するのに必要な投資を積極的にすべきか、問題児の数を減らして他事業に集中すべきかを分析、検討する必要がある。スター事業になる可能性を秘めている一方、シェア拡大にいたらなかった場合、負け犬へと移行することになるからだ。ここでは、

① マーケット・リーダーのように行動するのではなく、特定の分野に狙いを定めて攻撃する
② あらゆる活動を首尾一貫させる
③ あまり複雑な戦術を採らない、など。

　負け犬（Dog）ボックスに位置する事業は継続する特別な理由がない限り、撤退すべきである。成長率の低い市場に属し、なおかつ市場シェアが低い場合、このまま投資を続けてもシェアは容易に獲得できず、利益も上がらないからだ。ここでは、戦術的な奇襲が効果を上げることだけが頼みの綱になる。しかも、そうした戦術が成功するのは、競合企業が現状に甘んじて何の方策も採ってこないときだけだろう。

このボストン・マトリックスの有用性は多くの実例で証明されているが、決して万能ではなく、明らかな限界も存在している。市場成長率と市場シェアを単純に定量化することで、このマトリックスは一見説明力を示しているが、市場成長力だけが市場の魅力度を示しているとはいえない。今日の競争では、価格競争の行き過ぎから利益なき成長といったものもあり得る。また、自社の強み（競争優位性）を相対市場シェアだけで測定することは危険でもある。市場シェアは低いが、ニッチで高付加価値・高利益を実現している企業も市場には多く存在している。

（3）方向性策定マトリックス

　先のBCGマトリックスでは、相対市場シェアと市場成長率を基準にすえて考えたが、業界やカテゴリーによっては、データを基にそれらを正確に測定することが容易でない場合が多々ある。そうした状況で役立つのが、図2－4に示された方向性策定マトリックスと呼ばれるものである。

　基準の2軸（市場の魅力度と事業の強み）は、それぞれの企業のおかれた状況によって異なるが、次にあげるような要因を検討すべきものとしてあげておきたい。

　市場の魅力度を見定める要因には、次のようなものがある。

①市場要因：市場規模、市場成長率、価格弾力性、季節性、購買者や流通業

図2－4　方向性策定マトリックス

事業の強み

	高	低
市場の魅力度　高	Ⅱ	Ⅰ
市場の魅力度　低	Ⅲ	Ⅳ

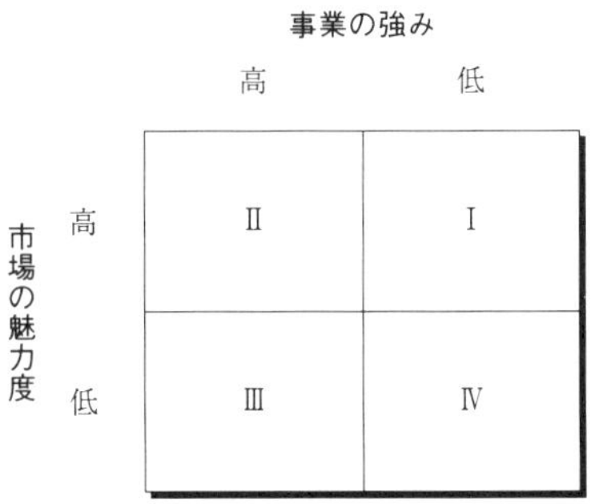

出典：M・マクドナルド（1997年）、13ページ。

者の交渉力の強さなど。
②競争要因：製品（サービス）の種類、参入の容易さ、代替品、新技術の可能性、市場シェアなど。
③財務・経済的要因：利益率、規模の経済性、生産能力の活用度、参入障壁となる財務力など。
④技術的要因：特許、著作権、要求される技術、複雑さ、成熟度など。
⑤社会的要因：社会の志向とトレンド、法規制、環境問題など。

　一方、事業の強みとは、主要競合企業と比較したときに、自社の成功の命運を握る要因がどこにあるかということ。つまり、市場で競争をしている企業ならば、どのような企業も必ず備えていなければならない競争優位性である。それらは、たとえば製品への信頼性、確立されたブランド・イメージ、優れたデザイン力、高いサービスの水準、競争的価格、配荷率の高さなどがこれに当たる。
　Ⅰに位置する場合、市場の将来性には魅力があるが、自社の事業には成功のための強みがないことを示している。大きくは、次のどちらかの選択を行うべきだろう。1つには、利益が出ているうちにできるだけ収穫をする。もう1つは、競争力を高める目的で投資をする、という考えである。
　Ⅱに位置する場合、自社の事業の強みが極めて魅力的な市場に向けられている。そこで、最大の資源を投入することが必要になる。ただし、今後の市場の成熟度を慎重に見極め、大きな成長が見込めないと判断したなら、投資から収穫へ方法転換することも大切である。
　Ⅲに位置する場合、そのビジネスは将来性という点で魅力度の低い市場において、強い事業ポジションを持っている。継続して利益を上げるためにもできるだけ長期間、現在のポジションを保つべきだろう。そのためのある程度の投資が求められるが、潜在需要の開拓や技術開発により市場の魅力度が高まると判断したなら、積極投資することが必要になる。
　Ⅳに位置する場合、その事業はたいてい利益が出ていないに違いない。撤

退を検討する必要があるかもしれない。しかし、ここに位置する事業が企業全体の製品構成に欠くことができないなどの理由で他の収益性の高い事業を支えている場合も存在する。そうした際には、ある程度の投資を継続し、その事業を維持することも考えられる。

3　消費者を理解する

　効果的なマーケティングを展開するためには、自社の製品やサービスの優位性が何であるかを明確にしなくてはならない。そのためには、顧客の視点に立ち、彼らが何を望んでいるかを理解する必要がある。さらには、多様なニーズが存在する幅広い市場の中から、顧客をグループ化してそれぞれの顧客グループはどういった人たちで、何を求めているのかを分析する必要がある。

（1）80対20の法則（パレート効果）

　企業にとっては、すべての顧客が一様に大切なわけではない。ある一部の（それがどの一部かを見つけることが、ここでは肝心なわけだが）特定顧客が、企業の売上げなり利益の多くをもたらしてくれているという現象は、ほとんどの企業に見られる実態だろう。これは、一般的に80対20の法則とかパレート効果としてよく知られているものであり、上位20％の顧客によって、ビジネス全体の80％がもたらされていることを意味している。

　図2－5の例では、ある企業の顧客が、その売上げへの貢献度に合わせてA、B、Cの3つのグループに上位から分類されている。ここでは上位25％に属する顧客グループAが売り上げの70％に関係しており、続く45％を占める顧客グループBが次の25％、下位30％のグループCが残りの5％の売上げを占めていることを表している。

　こうしたルールは個々の企業の売上げと特定顧客グループに適応するだけでなく、特定のマーケットにも同様に当てはまる。多くの産業では、その顧

図2−5　パレート効果

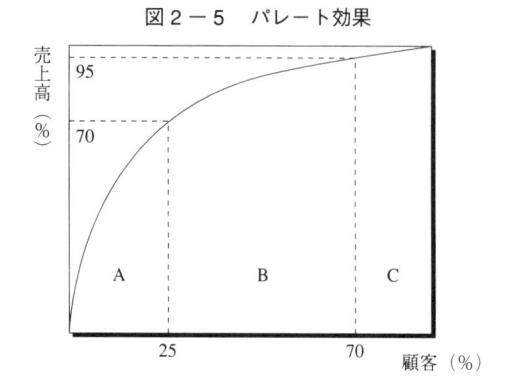

売上高（%）
95
70

A　B　C

25　70　顧客（%）

客を大量消費者（ヘビーユーザー）、中量消費者（ミドルユーザー）、少量消費者（ライトユーザー）といった、消費量の多寡によってグループ分けすることができる。

　図2−6は、一般消費財の消費者使用率とその偏りを示している。ビールを飲むという人は消費者全体の約4割で、その上位半分（つまり消費者全体の2割）がビール消費全体の約9割を占めている。またドッグフードを見てみると、ドッグフードを買う消費者は、消費者全体の3割であり、その半分（つまり全体のなかの15%の顧客）が市場全体の約8割の消費をまかなっていることが分かる。

　80対20というのは、1つの指標にすぎないが、企業にとっては特定の顧客グループが他の大多数の消費者より何よりも大切だということを理解してもらえると思う。もちろん、いま自社の製品を大量に購入してくれている消費者だけを大切にすればいいわけではない。少量消費者の消費量（購入量）を増やす仕掛けや、未使用者を開拓して自社マーケティングに取り入れる試みも忘れてはならない。しかし、効率性を考えれば、現在の大量使用者をいかに獲得し、顧客のロイヤルティ（忠誠心）を高め、囲い込むかが極めて重要な戦略になる。

　本書の第1章で、マーケティングの基本は「フォーカス」と「ミックス」と述べたが、優先顧客の絞り込みはその代表的なフォーカス手法である。マー

図2-6　一般消費財の大量消費者と少量消費者

製品（％消費者の割合）	半数の大量消費者	半数の少量消費者
石鹸と合成洗剤（94％）	75％	25％
トイレット・ペーパー（95％）	71％	29％
シャンプー（94％）	79％	21％
ペーパータオル（90％）	75％	25％
ケーキミックス（74％）	83％	17％
コーラ（67％）	83％	17％
ビール（41％）	87％	13％
ドッグフード（30％）	81％	19％
バーボン・ウィスキー（20％）	95％	5％

出典：Cook, V. J. et al. (1984) "A Search for Constants: The 'Heavy User' Revisited," Journal of Consumer Marketing, Vol.1, No. 4, Spring, p. 80を参照。

ケティングでは、焦点を絞り、優先順位をはっきりさせることが肝心である。

（2）市場の明確化

　効果的なマーケティングを展開するためには、自社にとっての市場を明確に定義づけすることが欠かせない。すべての製品やサービスには、通常、狙うべき特定の対象が存在しており、その対象が市場である。しかし、たとえ同じ製品であっても定義によって市場は変わってくる。たとえば、何万円もするブランド品の万年筆は、市場を筆記具ととらえることもあれば、ギフト市場ととらえることもできるかもしれない。

　市場を選定する際には、その魅力度（市場規模や成長性）が重要なのはもちろん、自社の競争上のポジションもしっかり考慮する必要がある。定義された市場の特性や今後の成長率などを明確にして初めて、マーケターは自社の製品やサービスをどのようにその市場にマッチさせていくかというプランに入ることができる。

（3）市場の細分化

　自社が狙うべき市場はどのように設定すればよいのだろうか。市場全体を

区分けする変数（切り取り方）としては、一般的な消費財の市場では次に述べる4つの基準が用いられる。

1） 地理的変数

　住んでいる地域、その規模、都市部か郊外か地方か、気候はどうかなどを基準にする。なぜなら、場所によってそれぞれの土地柄といったものが存在するからである。たとえば、地域性によって消費者の好みが異なる食品や飲料の例を考えてみるとよいだろう。

2） 人口動態変数

　年齢や性別、世帯規模、職業、所得などを基準にする。一般消費財では、もっともよく用いられる変数である。人口動態データは二次データ等を利用するなど入手が容易であるうえ、この変数は人々の欲求や選好と密接に関連している。

3） 心理的変数

　ライフスタイルやパーソナリティ、価値観、ブランド・ロイヤルティといった、その人の心理的な特性基準によるもの。人口動態的には同じグループに分けられる人々（たとえば年齢25歳、男性、会社員、年収500万円）であっても、彼らがみんな同じとはいえないことは容易に想像できるだろう。社交的な趣味を好む人もいれば、1人でいることを好む人もいるだろう。また、新しもの好きや、そうでない人など、さまざまな人がいるに違いない。

4） 行動変数

　求めるベネフィット（便益）や製品に対する知識、態度、使用状況などを基に顧客を区分けする基準である。時計の購入者には価格で銘柄を選ぶ人、品質や耐久性で選ぶ人、プレステージとしてのシンボルやおしゃれを目的に特定ブランドを選択する人たちがいる。そこでは、それぞれ求めるベネフィットが異なっているからである。

また、先の図2－6で紹介したように、同じ製品の使用者でも、大量に消費する人とそうでない人がいる。さらに市場は、顧客のロイヤルティの度合いによっても区分けすることができる。いつも特定のブランドを購入し続ける人もいれば、そのときの気分や価格で購入するブランドをスイッチする人もいる。

　以上、細分化するための4つの軸を述べてきたが、これらはどれか1つを用いればよいというものではない。それぞれが異なった次元を示しているので、これらの中から意味のある複数の軸を取り出し、組み合わせることで細分化の精度を上げるようにしたい。

（4）効果的な細分化
　市場を細分化すればするほど、それぞれのセグメント（区分）の市場としての個性がくっきり浮かび上がってくるはずだ。しかし、マーケティング上、意味のある細分化であるためにはいくつかの条件を満たしていることを確認することを忘れてはならない。たとえば、アイスクリームを食べる人には、右利きの人も左利きの人もいるはずだが、その違いと彼らの好きなアイスクリームの銘柄の違いには関連性はない。
　コトラーは、意味のある細分化であるための5つのポイントを指摘している[1]。

① 測定可能であること（Measurable）
　セグメントの市場規模や購買力、その特性を定量的に明らかにすることができること。
② 実質的であること（Substantial）
　マーケティングを働きかける対象として、そこに十分なリターンを期待できる市場規模があること。あまり小さなセグメントでは、効率上意味をなさなくなる。たとえば、身長120cm以下の人たちを対象にした車を開発しても

自動車メーカーにとっては割に合わないだろう。
③　到達可能であること（Accessible）
　そのセグメントへマーケティング活動を仕掛けられる効果的な方法、チャネルが存在すること。
④　差別化可能であること（Differentiable）
　区分けされたセグメントがそれぞれ特色を持ち、異なったマーケティング・プログラムに対して、異なった反応を示すこと。もし未婚女性と既婚女性がある香水のマーケティングに対して同様の反応を示すならば、その場合、この両者は別個のセグメントとはいえない。
⑤　実行可能であること（Actionable）
　そのセグメントを狙った効果的なマーケティング・プログラムを展開できる能力やスタッフなどの経営資源があること。

（5）ターゲット・マーケティング
　自分たちが市場のどこを狙うかを明確にすることは、マーケティング戦略を策定するうえでの基本前提である。後に説明するさまざまな戦略も、相手を間違えていたのでは始まらないからだ。
　市場を細分化して、それぞれのセグメントが自分たちにどのような意味を持っているかを判別したら、どのセグメントを自分たちはビジネスの活動対象とするかを決定する。そのように、自分たちにとっての標的市場を定め、それにふさわしいマーケティングを展開することを、ターゲット・マーケティングという。
　ターゲットの設定の仕方は、その企業がどういった製品やサービスを提供しているか、企業の全社戦略がどのように策定されているかによってそれぞれ異なる。
　セグメントの選択に際しては、①規模と成長性、②構造的魅力度、そして③企業の目標との適合性の3つの側面から市場としての評価が与えられなければならない。

（6）消費者の購買行動について

　これまで自社が狙うべき顧客の設定の仕方を見てきたが、では、実際に商品を買ってくれる人だけが、企業にとっての顧客なのだろうか。夏休みの家族旅行を旅行代理店に申し込むのはお父さんでも、その行き先を選んだのは子どもたちかもしれない。また、ファミリーカーを購入するときには、お母さんのいろいろなアドバイスが車種選定の決め手になっているかもしれない。実際にお金を支払った人が、必ずしもその製品なりサービスなりを選んだとは限らない。

　このことは、企業は実際の購買者だけを対象にしていたのでは不十分だということを示唆している。その際、購買にかかわる関係者を次のような段階に整理してみるのも1つの方法である。

①発起人：さっきの例でいえば、旅行を初めに提案した人、車の購入を最初に考えた人である。

②影響者：家族で夏休みを過ごすのにはどこがいいのか、みんなで乗れる車には何がいいのか、家族のいろいろなメンバーや友人、知り合いの意見が加わることがあるだろう。

③決定者：いろいろな選択肢の中から、特定の製品なりサービスを決定する人。

④購買者：決定した製品やサービスを実際にお金を払って購入する人。決定権を持っていたのは父親でも、実質的に母親が財布を握っているなんてこともよくあることではないだろうか。

⑤使用者：購入した製品・サービスを利用する人。先の家族旅行であれば、家族全員だろうが、車の場合は、ガールフレンドのできた息子が主要利用者として乗り回しているといったケースもあり得る。

　ある中年男性が、会社で若い社員がパソコンを自由に扱っているのを見て、自分も使えるようになりたいと思い立ったとしよう。どのパソコンを見てもみな同じにしか見えないオジサンは、会社の部下に相談し、以前に比べてずいぶん値段が安くなり買いやすくなっていることや、パソコンにはマックと

ウインドウズがあり、それぞれの特徴についても説明を受けた。

　若い連中から教えてもらった製品の情報を基に、彼は会社の帰り、パソコンショップに立ち寄る。大まかにメーカーなり機種名なりを頭に入れていたのだが、いざ店頭に来ると、プロセッサーがどうのメモリーがどうのなど、分からないことだらけ。結局、自分では判断がつかず、店員さんの薦めるままに機種を選んだ。

　次の日曜日、いよいよパソコンが店から届いた。箱から取り出しセッティングしたものの、そういう時期に限って仕事が忙しくなり、なかなかパソコンに触れる時間もない。気がつけば、パソコンはお父さんの手を離れ、子どもたちが毎日熱心にゲームやインターネットを楽しんでいた・・・。

　この場合、発起人と購入者はこの中年男性でも、第3者から購入にいたる大きな影響を受け、銘柄選定も結局、本人以外によってなされた。さらには、この男性は実質的な利用者ともいえない。

　ペットフードや赤ちゃん用の紙おむつなどは、購入者と実際の利用者が異なる典型的な例だが、企業はマーケティングを考える際、最終の利用者・消費者だけでなく、ここで述べたいくつかの段階での関係者すべてを念頭においておく必要がある。

4　マーケティング環境の構造

（1）マーケティング環境の種類

　これまで見てきたように、企業を取り巻く環境要因には、自社と消費者、そして競合環境が存在している。これらを吟味することを、それらの頭文字を取って3C分析（Company（自社）、Consumer（顧客）、Competitor（競合））と呼んでいる。自分たちの位置づけを確認し、戦略策定に進むための基本作業である。

　マーケティングの仕事は、さまざまな要因との相互作用で行われる。企業

図2−7　3C分析のフレーム

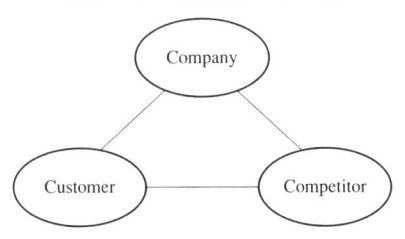

```
        Company
       /        \
  Customer —— Competitor
```

を取り巻くマーケティング環境は、ミクロ環境とマクロ環境から構成されている。ミクロ環境は先の3Cに代表されるものである。一方、マクロ環境というのは、ミクロ要因すべてに影響を与える大きな社会的環境要因であり、たとえば人口動態、経済動向、環境、文化、政治・規制等の要因があげられる。

　これまでマーケティング上の環境分析を、自社、顧客、競合、マクロ環境の視点から見てきた。この4つの分析アングルの最初のもの、つまり自社に関するものを内部環境分析、その他の3つを外部環境分析と呼ぶことができる。従業員の専門知識、製品の競争優位性、設備投資などの内部環境に属するものには、企業が内部で管理できるものが多く含まれる。一方、マクロ環境をはじめとするその他の要因は、企業が容易に（またはまったく）コントロールできないものである。したがって、そこではいかに的確に自社を適応させるかという指針の確かさと、その実効性が問われることになる。

　とりわけ消費者の求めるニーズが多様化し、またすばやく変化する今日の市場にあっては、過去の成功体験にあぐらをかいていたのでは、たちまち顧客からそっぽを向かれ、結果として顧客のロイヤルティは低下し、競合に大

図2−8　マーケティング環境

ミクロ環境 {	自社（Company）	内部環境
	顧客（Customer）	} 外部環境
	競合（Competitor）	
マクロ環境	人口動態、経済動向、生態系、文化など	

切な顧客を持っていかれることになるだろう。スピード感と環境適応性を内部に備えた企業だけが、これからのグローバル・コンペティションに対応できるである。

(2) SWOT分析

　マーケティング環境分析の仕上げとして、マーケターは調べ上げた情報を有機的に組み替え、自社の目標と戦略策定へとつなげていく。そのためには、環境分析によって集めた情報をある特定の視点で要約する必要がある。次に説明するSWOT分析と呼ばれるものは、そのための1つのツールであり、その仕組みの簡明さとマーケティング・プランなどのドキュメントなどにおいての説明力からよく用いられている。

　SWOTというのは、強み（Strengths）、弱み（Weaknesses）、好機（Opportunities）、脅威（Threats）の頭文字をつなげたものである。このうち、強みと弱みは自社の内部要因である。一方、好機と脅威は自社ではなかなかコントロールすることができない外部要因である。通常、その企業もしくは製品・サービスのビジネス上の中心的要因にのみ焦点を当て、結果は1枚か2枚のシートにまとめられる。

　SWOT分析の目的を簡潔に述べるならば、以下のような命題への足掛かりを得るためのものといえる。

① 自社に取っての好機には、どういったものがあるのか。（たとえば特定の市場セグメントなど）

② 現在と今後予想される自社にとっての脅威には、どういったものがあるのか。（たとえば規制緩和により予想される新規参入企業など）

③ 対競合企業（製品・サービス）上の差別的な長所と短所は何か。言い換えれば、自社にとっての標的市場において、顧客が他社ではなく自社の製品・サービスを好んでくれている要因はどういったポイントなのか。（たとえば価格、ブランド・イメージ、品質、配荷率、サポート体制など）

表2−1　KSF情報の整理（例）

	加重係数	自社		競合A社		競合B社		競合C社	
商品力	40%	8	3.2	7	2.8	6	2.4	8	3.2
ブランド・ロイヤルティ	30%	7	2.1	9	2.7	8	2.4	8	2.4
価格競争力	20%	5	1.0	8	1.6	7	1.4	6	1.2
配荷率	10%	7	0.7	5	0.5	7	0.7	5	0.5
合計	100%		7.0		7.6		6.9		7.3

　また、SWOT分析を行う際には、自社や自社製品・サービスについてだけでなく、主要競合企業やその製品・サービスの視点でもまとめてみることが大切であり、そのことは自分たちの目標設定と戦略策定に大いに参考になる。引き続きその利用上の注意といったものを簡単に説明しよう。

　先ほど、SWOT分析はツールであると述べたが、S-W-O-Tの頭文字に代表される要因を自社と主要競合についてまとめたら、そこからいかに戦略につなげるかがマーケティング担当者の腕の見せどころである。

　最初に考慮すべきポイントは、業界のKSF（Key Success Factors：カギとなる成功要因）は何かを見極めることである。それらは、今後の業界地図のありようを描くことになるものといえるだろう。それらは各産業、業界によって異なるが、たとえば安価な製造コストとか流通支配力、他が真似することができない先進的な技術、強力なブランドといったものがあげられるだろう。

　1つの方法としては、表2−1のような表を使って自社の位置づけを整理することができる。加重値を合計で100になるように定め（たとえばKSF1を50、KSF2を25、KSF3を15、KSF3を10）、自社と競合のスコアを10段階で評価した数値にかけることで、相対的なポジションと自分たちが競合関係上現在抱えている課題は何かを見極めていく。そして、それらの課題はその重要性と経営資源に照らし合わせた解決可能性によって、優先順位づけされる。

　また、業界にとって重要な影響を与える要因、たとえば新技術、政府の方針や行政の定める規制の動向、景気の変動などもきちんと整理しておく必要がある。

> **練習課題**
> 1 企業がプロダクト・ライフサイクルの考え方をマーケティング戦略の策定に用いる際の限界としてはどのようなことがあるか。
> 2 プロダクト・ライフサイクルとBCGマトリックスの関連性について考えてみよう。
> 3 ある製品を取り上げ、企業はどのようにその製品の市場をセグメントしているか推測してみよう。

注

1 Kotler (2002) p. 286.

第3章　競争市場の理解

―― エッセンス ――

・戦いの第一歩は、敵を知ることから始まる。そのために自分たちにとっての競争相手は誰で、その企業の目指しているものは何か、戦略の方向性はどうかといったことを調べる。
・市場の魅力度を検討する際にもっとも重要な指標の1つが、その市場規模がどのくらいで、また成長しているのかどうかという点である。今後の市場成長性の予測のためには、さまざまな需要予測の手法が用いられる。
・マーケティング・リサーチは企業に貴重な情報を与えてくれるが、あくまでマーケティング・リサーチ自体は手段であり、目的ではない。明確な目的意識がなければ、調査の結果は役に立たないものに終わってしまう。

1 競合分析

(1) 競合分析とは

　マーケティング戦略を立案するためには、競争相手が誰で、今度どのような行動に出るかをできるだけ正確に予測しなくてはならない。そして、自社の競争優位性を高めることで、業界内のポジションをさらに強化していく。ビジネスは常に競争という環境の中での意思決定の連続であり、その戦いの環境をよりよく理解するために行う一手段が競合分析である。

　ただし、自社がビジネスを拡大する方法は、必ずしも競合他社を打ち倒し、そのシェアなりを奪うということだけではないことに注意しておく必要もある。自社が成長するためには、自社が事業を展開している業界全体が成長することも大きな成長への推進力になるからだ。そのため、競合企業とある面で協調する行為も求められることがある。つまり、これは競争と協調が併存する状態で、これをネイルバフとブランデンバーガーはコーペティション（Cooperation + Competition）と呼んでいる[1]。

　さて、競合分析を実施する目的としては、次のようなものがあげられる。
　① もっとも効果的かつ効率的な戦略競合領域を見定める。
　② 無用な競争の仕方を避ける。
　③ 競合企業の出方を事前に読み、反撃の計画を立てる。
　④ 新規企業の参入に備える。

(2) 競合の特定

　競合分析を行うにあたって、最初のステップが、主要競合企業を見定めることである。一般的に、競合企業とは同一の業界に属し、同じ顧客に対して類似の製品やサービスを提供している企業と考えられる。たとえばコカコーラの競合企業はどこだろうか。まず、ペプシコーラや量販店のPB（プライベート・ブランド）のコーラが考えられる。また、健康志向の高まりで自然飲

料への消費者の意識が変化したとすれば、ミネラル・ウォーターやお茶、100％ジュースなど、他の飲料が競合になる。富士写真フィルムの競合は、かつてはコニカ、コダックといった他ブランドのフィルムだけだったのが、現在はデジカメに代表されるデジタル記憶媒体が忘れてはならない競合になっている。すなわち、フィルムメーカーに加えてカメラメーカー、家電メーカーなどとも競合しているのである。

　シルバー向けの海外旅行の競合はどうだろうか。もし自社がアメリカ路線の航空会社ならば、目的地としての欧州やオセアニアかもしれない。航空業界から旅行業界に枠を広げれば、国内の温泉旅行や客船による海外旅行も競合になる。さらにフレームを拡大すれば、新しいクルマの購入や家の増改築、株の購入なども競合と考えられる。

　つまり、競合環境を考えるときは、自社の製品・サービスの次元からだけでなく、業界という視点、さらには市場、顧客のニーズという視点から自社製品の顧客にとっての位置づけや意味を俯瞰してみることが欠かせないのである。

(3) 競合企業の事業目標を推測する

　企業の行う事業のすべてが、常に利益の最大化を目標にビジネスを行っているわけではない。もし、事業目標を利益の最大化においているとしても、企業によって短期的利益を重視しているのか、それとも長期的利益を確保したいのか、焦点の当て方が異なるかもしれない。

　また企業全体としては利益重視の経営方針を持っていながら、ある事業についてはそうでないといったケースも存在する。特定の事業の利益率が決して優れていなくても、それが他の事業に与える相乗効果や企業イメージ、ブランド・イメージ構築に欠かせない場合があるからだ。

　競合企業の事業目標は、その規模、事業領域の範囲、歴史、経営理念、過去の成功体験、競争環境、経済状況など多くの要因の結果として決定される。第2章のポートフォリオ分析を思い出していただければ分かりやすいと思う

表3−1　競合他社に関する情報源

公表データ		フィールドデータ	
公開情報	競争相手からの情報	自社内データ	外部データ
・アナリストレポート ・雑誌記事 ・業界専門紙 ・地方紙（工場のある地域など） ・企業・業界研究の単行本 ・官公庁による調査報告書 ・シンクタンク、金融機関の調査報告書 ・特許情報	・有価証券報告書 ・会社案内 ・採用パンフレット ・商品カタログ ・経営トップのスピーチ ・社史 ・広告 ・社員によって書かれた記事 ・インターネットのホームページ	・営業部隊 ・研究開発スタッフ ・元競合他社にいた社員	・資材納入業者 ・顧客 ・流通業者 ・市場調査会社 ・広告代理店 ・証券アナリスト ・信用調査会社 ・業界団体の会合 ・地域の経済団体 ・組合

出典：長島牧人（1997年）、206ページ。

が、事業によってキャッシュ・フロー（現金収支）を稼ぐ目標があったり、市場シェア拡大が目標だったりする。また、流通チャネル対策のためにすえられる事業も存在するかもしれないし、さらに現在であれば、リストラ前の雇用維持目的のための事業といったものも存在するかもしれない。

　競合企業に対するこれらの判断は、最終的にはマーケターの主観的な推察に任すしかないのだが、そのためにはさまざまな情報を収集、分析する必要があることはいうまでもない。

　では、どういった情報を基に検討をすればよいのだろうか。他社に関する情報収集というと、産業スパイのような行為を想像する方もいるかもしれない。実際、かつてある企業は競合企業から毎日出されるゴミを独自のルートから入手し、それを基にその動向を探ったなどという話もあるが、現在は合法的かつ合理的手段でかなりの情報を入手できるはずだ。あのCIA（米国中央情報局）ですら、情報源の約85％は各国で発行される各種の新聞・雑誌・調査レポートを基にしているといわれている。世界最大の諜報機関の部員た

ちも、地道に新聞記事の収集を続けているのだろう。

　競合企業についての情報源としては、たとえば表3－1にあげたようなものが利用できる。

（4）競合企業の戦略の明確化

　事業ごとの大まかな戦略的方向性は、いくつかのタイプに分類することができる。それらは、導入、育成、維持、収穫、撤退である。それぞれにおいて、企業がマーケティング上で採るべき施策が異なってくる。

1）　導入

　この場合、新たな事業領域の開発を狙って資源の投入を行う。その企業の、もしくは事業にとっての好機を背景に、強みと想定される要素を最大限に活かすとともに、予想される脅威からの防衛を心がける。また、新たな産業分野の創造も含まれる。

2）　育成

　この場合、ビジネス上の競争的ポジションを著しく強化するための戦略を採用する。巧みな市場セグメンテーションと製品のポジショニング能力が、しばしば有効に機能する。

3）　維持

　現在の競争地位を保持することを目標とした政策である。この場合、防御的な戦略姿勢が予想される一方、積極的な戦略もまた採用される。製品と市場のポジションは大きな変更を加えられることなく維持される。

4）　収穫

　意図的に競争的ポジションを棄て、どちらかといえば短期的な利益とキャッシュ・フローを目的とする。しばしば事業の統廃合や縮小を伴い、より効率的なビジネスの運営が目指される。

5）　撤退

　現状のポジションにとどまっているコストが高いうえ、効果的なレベルまで改善するのに要するコスト負担のリスクを考え、競争力のない事業からは

撤退する。

　このように戦略ステージに応じて企業の取るべき方向性は大きく異なっており、競合企業に与えるインパクトもまた異なる。

（5）競合企業の能力の分析
　競合企業がそれらの立場に沿った戦略を実行できるかは、その企業の資源と能力次第である。そこで、競合企業の戦略実行能力をまず見定めることが大切である。最初のステップは、売上高、市場シェア、利益、ROI（Return on Investment: 投資収益率）、キャッシュ・フロー、新規投資、設備稼働率など競合企業のビジネスについての最新データを入手することである。自社のデータでないため、通常、その入手可能性には制限があるが、有価証券報告書、新聞、雑誌、業界紙など二次データを網羅的に調べることはもちろん、業界内ネットワークからのうわさや評判、営業マンなどの個人的経験などを利用してなるべく多くの情報を収集する。

　また、コトラーは、競争という点から追跡すべき重要な変数として、次の3つをあげている[2]。

①市場シェア：競争している市場において競合企業が占めている販売シェアの数値。

②マインド・シェア：この産業で最初に思い浮かぶ会社名をあげてください、という質問に対し、競合企業の名前をあげた顧客の比率。その数値は、顧客知名度の高さと理解することができる。

③ハート・シェア：その製品を購入したいと思う会社名をあげてください、という質問に対し、競合企業の名前をあげた顧客の比率。ブランドの選好度の高さと理解することができる。

　これら3つのシェア間には、密接な関係が存在する。仮にある企業の市場シェアが高くても、マインド・シェアとハート・シェアが低下傾向になると、

市場シェアの数値も早晩低下するはずである。逆に、マインド・シェアとハート・シェアを着実に増している努力をしている企業は、ほぼ間違いなく市場シェアと利益を増大させることになるだろう。

　ある企業の売上高とか利益は、その年の結果の一面にすぎない。競合企業の知名度とブランド選好度のトレンドが、どのように推移しているかに注意しておくことが大切である。

　そして、収集したデータを分析・評価し、次のような命題に対する仮説を立てておく。

① 　競合企業の現在のコア・コンピタンス（中核的能力）はどこにあるか。
② 　競合企業を成長させるコンピタンスにはどういったものがあるか。
③ 　攻撃された場合の防衛および持ちこたえられる能力はどうか。
④ 　競合企業の反撃能力の程度はどうか。

　以上のプロセスを実施することによって、競争環境において、自社にとっての攻撃可能性と相手企業の反撃可能性およびその度合いを事前に知り、マーケティング・プランに盛り込むことができる。その際には、立場を主要競合各社におき、自分が相手だったら将来に向けどのようなマーケティング意思決定を行うか、あらゆる角度から検討するイマジネーションを働かせてみることが肝要だ。

　注意すべきことは、短期的には競合企業から顧客を奪い自社の市場シェアを拡大できても、その結果相手の反撃を促し、激しい価格競争の末に業界全体の市場魅力度を損なってしまうようなことも多々ある。戦略の策定にあたっては中期的、長期的な視座も備えておかなければならない。

2　需要予測

（1）需要予測とは

　第2章で市場の魅力度について述べたが、その魅力度の検討する際にもっとも重要な指標の1つが、その市場規模がどれくらいで、また成長しているのかどうかというポイントだった。顕在化している市場がまだ小さくても、潜在的な市場が大きく、しかも早く成長している市場は間違いなく魅力度の高い市場である。

　では、今後の市場の成長性を知るためにはどのような手法を用いることが考えられるのだろうか。すべての予測は、①人々が言っていること、②人々が行っていること、③人々が行ったこと、のいずれかの情報ベースから成り立っている。おもな手法をまとめたものが表3－2である。

（2）顧客への購買意図の調査

　顧客の行動を推測するためのもっとも確実な方法の1つは、顧客に直接尋ねることである。その製品の情報を顧客に確実に伝えることができ、かつ顧客の購買に関する意図を明確に引き出せる場合、有効な方法である。

表3－2　需要予測の手法

手法	情報ベース
購買意図の調査 販売部隊の意見の集約化 専門家の意見	人々が言っていること
テスト・マーケティング	人々が行っていること
時系列分析 統計的需要分析	人々が行ったこと

出典：D・M・ジョーゴフ「マネジャーのための予測技法ガイド」『DIAMONDハーバード・ビジネス』1986年5月号をもとに作成。

(3) 営業部隊の意見の集約化

　これは自社の営業マンたちに、それぞれが担当するエリアないしカテゴリーごとに販売の予測を行わせるものである。セールス・マネジャーたちは企業の中でもっとも顧客に近い存在であり、その意味で誰よりも顧客の変化に対する情報を持っている。もう1つのメリットは、彼らに需要（販売）予測をさせることで、営業活動への自信を植えつけるとともに、動機づけを与えることもできる。

　しかし、各人の予測能力に大きな差が存在することや、また個人的な偏向が伴うことも容易に予想される。予測というより完全に希望的観測といったことも多いかもしれない。この場合、そのような点に気をつける必要がある。

　デルファイ法というやり方もある。デルファイ法とは、たとえば多くの管理職メンバーに「来期は売上げをどのくらいにすることができるか」といった質問を与え、回答とその前提が寄せられたのち、その結果を回答者にフィードバックして再度同じ質問を繰り返し、推定へと向かうやり方である。

(4) 専門家の意見

　企業・業界によっては、外部の研究所や調査機関などの専門機関の意見を参考にする場合がある。その際には、独自に調査依頼をする場合と、発行された業界動向資料を購入する場合がある。専門家からは客観的な分析結果が得られる一方、表面だけの調査や観察では業界特有の特質がよく分からず、不適切な理解に基づいた間違った方向づけをしてしまうこともあり、注意する必要がある。

(5) テスト・マーケティング

　テスト・マーケティングは、選択されたある特定の市場で実施されるコントロールされた実験であり、新製品の販売予測やマーケティング戦略の効果測定と評価のために実施される。テスト市場選定のためには、①通常、全国市場の1から5％程度の規模、②ターゲット構成や流通構造が全国を代表し

得る、③テスト用にマス媒体を独立的に利用できる、などの条件をかなえる必要があり、静岡県、広島県などがよく選定される。テストの測定値としては、POSデータやストア・オーディット（店頭監査）、消費者パネルなどを利用したさまざまなデータが収集され、分析される。

　テスト・マーケティングを実施するためにはかなりのコストがかかる。また当然、新製品の場合、テストの時点で製品がすでに完成している必要がある。テスト・マーケティングは顧客の反復購入率や季節変動を考えると6カ月は実施するのが望ましいとされているが、一方でその間に競合企業からさまざまなバイアスを加えられ、テストの結果をゆがめられてしまう恐れも考えておかなければならない。

（6）時系列分析

　過去のデータを遡って集計し、そこに見られるパターンを分析する時系列分析は、さまざまな市場の需要予測に利用できる一般的な方法で、多くの企業で行われている。その際、売上げの時系列データは、トレンド、サイクル、季節性、不測事象の4要素に分けて分析される。

　トレンドは傾向としての長期の予測値、期待値を示す。サイクルは循環的な流れを示すもので、中期予測に利用される。季節性は年間を通じての売上げのシーズンや月ごとの変動であり、短期の予測に用いられる。不測事象は特殊な天候、ストライキ、法規制の変更、代替品の登場などによって現れる予測不可能な要因であり、データの中からこれらの要因を見つけ出し、取り除く作業をしておかねばならない。

　また、視覚的に理解したり説得したりする材料として用いる場合、過去のデータをできるだけ長期間収集、整理し、折れ線のグラフで表す。その場合、普通の比例グラフを使えば、実際の市場の動向や規模を分かりやすく理解することができる。また、片対数（y軸を対数にする）のグラフで描けば、成長率が増加から減少へ、逆に減少から増加に転換した時期を見つけることができる。

（7）統計的需要分析

（6）の時系列分析は、時間軸上で予測値を決定するための方法だが、価格や配荷率、プロモーションといった売上げに影響を与えるはずのさまざまな要因を取り入れていない。統計的需要分析は、実際の市場で売上げに影響を与えると思われる主要な要因を見つけ出し、その影響度を明らかにするための統計的手法である。具体的には重回帰分析といった手法を用いる。今日では、各種統計ソフトやエクセルなど表計算ソフトを利用してパソコンで比較的簡単に行うことができる。

そのほか、まったく新しいカテゴリーの製品であるため過去のデータが存在しない場合は、類似製品が市場導入されてからの販売数量や普及率を参考にすることがある。

マーケターが自ら統計的手法の専門家であることは少なく、以上の方法論を状況に応じて選択し、適切に使い分けるには困難が伴うことも多いようだが、マーケターはスペシャリストの行った分析結果を読み取り、議論できるだけの知識は持っていたい。

3　マーケティング・リサーチ

（1）マーケティング・リサーチのプロセス

新製品開発に関する企画会議などで袋小路に入ると、決まって「マーケティング・リサーチをやってみたらどう」という意見が出る。だが、そんなとき、どんなリサーチを考えているのか尋ねてみると、具体的な考えは何もなくて、マーケティング・リサーチさえやればいいアイデアが与えられるのではないかという漠然とした楽観的な予測の場合が多い。

マーケティング・リサーチはあくまでも手段であり、それ自体が目的ではない。つまり、明確な目的意識がなければ、どんなリサーチを実施するのが適切

であるかも分からず、その結果、調査の結果も役に立たないものに終わってしまうのである。

　まず明確な調査目的を持ってスタートさせるマーケティング・リサーチだが、そのプロセスは図3－2が示す4段階に大きく分けることができる。

（2）問題と調査目的の明確化

　マーケティング・リサーチの起点は、マーケターがマーケティング意思決定上で抱える問題の所在にある。調査により何を明らかにしたいのか、どういった対象からどのようなデータを得たいのか。そのためには、いつ、どのような方法が最適なのか・・・。マーケターは、専門のマーケティング・リサーチャーの力を借りてこうした問題を明確化していく。

　マーケターは、自分たちの課題がどこにあり、意思決定のためどういった情報が必要かをよく知っているが、一方、具体的にどのような手法でそうしたデータを収集するかについては、マーケティング・リサーチャーの方が精通しているものである。

　リサーチを行う場合には、マーケターは信頼できるリサーチャーを選び、常に良好なコミュニケーションを図りながら、作業を進行させることが大切

図3－1　マーケティング・リサーチのプロセス

問題と調査目的の明確化 → 調査計画の作成 → 調査計画の実行 → データ分析と報告書の作成

である。リサーチャーが自社内にいる場合もあるが、そうでない場合もあるだろう。その際は、信頼できる外部調査機関のパートナーを見つける必要がある。

　一般的にマーケティング・リサーチの目的は、次の3つのタイプに分類される。

①探求的リサーチ：問題をより正確に把握し、仮説設定に役立てるもの。
②記述的リサーチ：特定製品カテゴリーの市場潜在性を知るなど、市場のある時点における状況や傾向についての記述や説明を目的とするもの。

表3－3　マーケティング・リサーチの3タイプ

リサーチ意図	リサーチ問題	仮　　説
探索的リサーチ 1.　どのような新製品が開発されるべきか。	児童に昼食を与えるのに、どのような方法が存在するのか。	
2.　広告では、どのような新製品アピールが効果的なのか。	人々はその製品からどのような便益を求めようとしているのか。	構成概念は未知。
3.　われわれのサービスはどのように改善すべきか。	消費者不満足はどのような性質のものか。	非人格化というイメージが問題ではないかという疑念。
記述的リサーチ 4.　新製品をどのように流通させるべきか。	人々は現在類似製品をどこで買っているのか。	上流階級は専門店、中流階級は百貨店を利用する。
5.　ターゲット・セグメントは何か。	どんな人が現在その製品を買っているのか、そしてわれわれのブランドを買っているのはだれか。	若い既婚者は競合製品のヘビー・ユーザーであるが、年をとった人はわれわれのブランドを買う。
6.　われわれの製品をどのように変えるべきか。	われわれの現在のイメージは何か。	われわれは革新者であると見なされている。
因果的リサーチ 7.　新製品を導入すべきか。	所与のセグメントについての売上げはどの程度になるか。	売上げは1人あたり年10単位である。
8.　公共交通機関について、どのような広告プログラムを実施すべきか。	人々を車から公共機関へと移らせるものは何か。	広告プログラムAはプログラムBより多くの新規乗客をもたらす。
9.　われわれの店頭を変えるべきか。	新しい店頭はわれわれのイメージを変えるか。	われわれはよりコンテンポラリーだと知覚されるだろう。

出典：アーカー（1991年）、66ページをもとに作成。

③因果的リサーチ：広告の出稿量と認知度の向上など、因果関係に関することを目的とするもの。

　問題と調査目的を明確に定めたら、その段階できちんと文書にしておくことが肝心である。マーケターとリサーチャーの合意の証明でもあり、また社内に対しての説明用書類としても必要になることが多い。

（3）調査計画の決定

　調査の目的が明確化されたら、次の段階は必要なデータの種類を決定しなければならない。あるカミソリ・メーカーが、横滑りしても肌が切れない新しいタイプのカミソリを市場導入することを検討しているとしよう。市場導入の可能性を判断するために消費者の反応を調査しようと考えている。この場合、どのような情報が必要となるだろうか。たとえば、①人口統計、カミソリ使用者の比率・年齢別構成、カミソリ使用者の意識（より安全だが、その代わり剃り味の劣る新製品を消費者は受け入れるだろうか）など、②市場での競合製品、消費者のそれらに対する評価、③新製品に対する流通関係者からの反応、④既存製品と新製品の売上予測、など多くのものがあげられるに違いない。

　データの種類は、一次データと二次データに分けて考えることができる。一次データは、特定の調査目的を達成するために収集されるオリジナルなデータであり、二次データは、すでに他の目的のために収集・加工されている既存のデータを指す。

　一次データの収集には、①目的に即した情報を獲得できる、②より新しい情報を獲得できる、③新たな課題などを発見できる可能性がある、などのメリットがある反面、そうした情報を得るためには時間やコストがかかり、また必ずしも期待した調査結果が得られるとも限らないというリスクがある。二次データの収集は、その分、時間とコストをさほどかけずに行うことができる。

しかし、二次データの性質上、求めている情報が必ず存在しているかというと、そうはうまくいかないのが現実だろう。また、求めているテーマの情報があったとしても最新のものではなかったり、信頼性に疑問があるために使用に際して制限が加わる場合がよくある。

以上のことから、リサーチはまず二次データの収集からスタートし、さらに必要に応じて一次データの収集につなげていくのが適切といえる。

(4) 調査計画の実行

一次データを収集するにあたっては、その調査法をまず決定することが必要である。一次データ収集のための調査には、次のようなものがあげられる。

1) 定性調査法

探索的性質を持つものであり、基本的にはアイデアや仮説の開発のために行う。フォーカス・グループ・インタビュー（6人から10人程度の回答者からなるグループが、モデレーター（司会者）の進行によって議論を行う方法）、深層インタビュー（被験者の意識下にある動機や態度を探るために、少数を対象に時間をかけて行われる方法）、投影技法（語句連想法、文章完成法、絵画回答法などを用い、被験者の潜在意識や深層心理を探る方法）といったアプローチがある。

2) 質問調査法

サーベイ法とも呼ばれ、電話、郵便、インターネットあるいは個別面接によって行われる。それぞれのメリット、デメリット等をよく考慮したうえで、どのように実施するか決定しなければならない。これらはいずれも相対的に大規模なサンプル（標本）と定型化された質問票に基づいて実施される。

3) パネル調査法

パネル・メンバーとは、一定期間の継続的調査のために選定された調査対象者のことをいう。パネル・メンバーが記録した、自己の購買、媒体接触、態度などを時系列的に追跡、分析することで、ある一時の調査では得られない情報を得ることを目的とする。

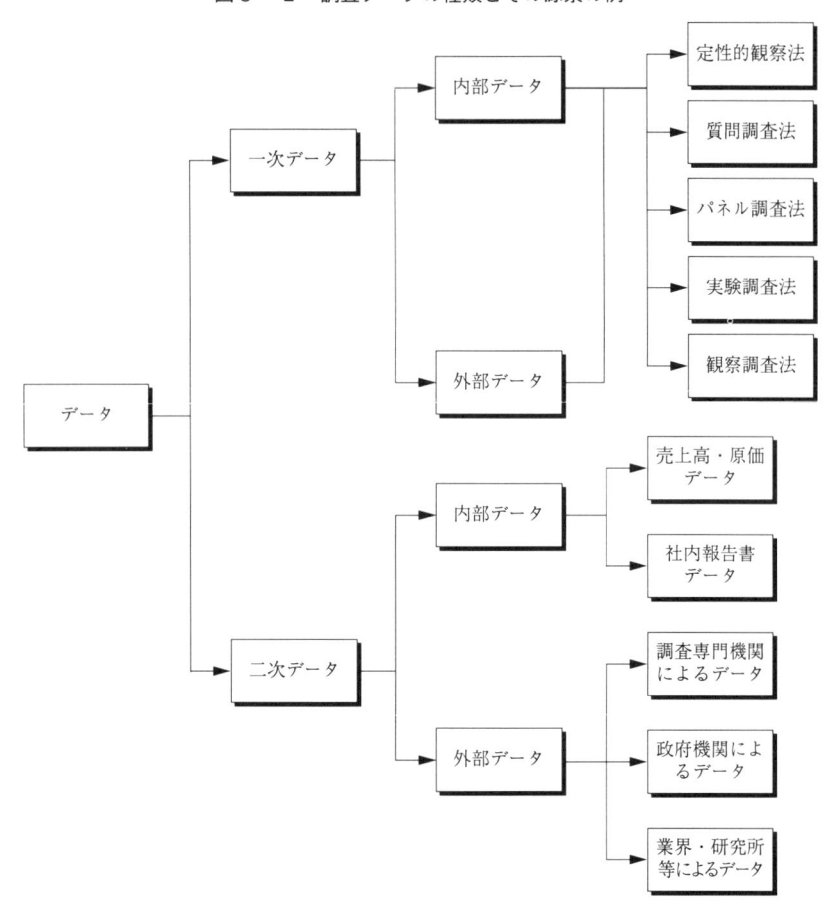

図3－2　調査データの種類とその源泉の例

```
                        ┌→ 定性的観察法
                        ├→ 質問調査法
        ┌→ 内部データ ──┼→ パネル調査法
        │               ├→ 実験調査法
┌→ 一次データ            └→ 観察調査法
│       │
│       └→ 外部データ
│
データ
│                       ┌→ 売上高・原価データ
│       ┌→ 内部データ ──┤
│       │               └→ 社内報告書データ
└→ 二次データ
        │               ┌→ 調査専門機関によるデータ
        └→ 外部データ ──┼→ 政府機関によるデータ
                        └→ 業界・研究所等によるデータ
```

出典：井上崇通（1996年）、159ページをもとに作成。

4）実験調査法

　被験者がデザインの異なった複数のパッケージをどのような順番で手にするか、どういった広告表現がターゲットによりアピールするか、などを探るために行われる。

　ここでの調査は、実験室（調査のためにしつらえられた実験用の特別なスペース）などにおいて、高度に統制された環境で行われる。

5）観察調査法

表3−4　質問調査法の3つのタイプ——その特徴

	郵送法	電話法	面接法
コスト	相対的に低い	中程度	高額
接触の程度	人的接触無し	ある程度あり	高い
消費者のバイアス	介入せず	ある程度存在	相当程度あり得る
回答者を正確に選定し得る可能性	低い	中程度	高い
解答を得る上での問題	低い回収率 郵送物の無視	電話未加入者の存在 回答拒否	不在・拒否 プライバシーの侵害
複雑な質問	適切でない	ある程度適切	もっとも適切
調査環境の統制	最小	ある程度可能	最大
回答のタイムラグ	最大	最小	最小
最適な質問の種類	単純な様式（はい／いいえ式 選択肢式）	ある程度自由回答式が可能	自由回答式を最大限利用
調査を行ううえでの熟練度の必要性	最小	中程度	最大

出典：井上崇通（1996年）、164ページ。

　実際のフィールドで、消費者が店舗や製品の選択、購買等に関してどのような行動をとっているか観察する方法である。

（5）データ分析と報告書作成

　調査の結果集められたデータの分析・解析は、多分に技術的な要素を伴う。そこで実際のデータ処理は、専門の調査機関の手によって行われることが多い。ただし、マーケターとリサーチャーで、どのような形でアウトプットすべきかをよく話し合っておく必要がある。

　リサーチャーは調査自体や統計的手法の専門家だが、マーケターの方がその企業や事業部、製品が抱えている問題や期待される意思決定が何かをよく知っているはずだからである。調査結果の解釈をリサーチャー任せにして、その結果、数字の羅列や統計的なテクニックで埋められた報告書ができても、多くの場合使いものにならないだろう。

　データの分析をめぐっても、マーケターとリサーチャーは立場が異なるた

めに、別のアングルで解釈しようとすることが起こる。解釈と報告書作成においては、この2人が最後まで協力して作業を進める必要がある。

　また、定性的な調査においては、担当のマーケターには、部分的であれ回答用紙などの元データに目を通すことを勧めたい。実際、洞察力の優れたマーケターならば、コーディング等のデータ処理の過程でこぼれた貴重な情報をそこから得ることもよくあるからである。

　最後に、くれぐれもデータ分析と報告書作成が自己完結化しないように気をつけなければならない。繰り返しになるが、マーケティング・リサーチは、企業にとってのマーケティング意思決定に役立てることを目的に実施されるものであり、データ分析と報告書作成が自己目的化しないように気をつけねばならない。調査はあくまで手段であって、調査は調査のためならずということを忘れてはならない。意思決定者が何も変える必要はないと確信している状況では、マーケティング・リサーチは行われないはずなのだから。

（6）マーケティング・リサーチ成功の障害

　マーケティング意思決定上の不確実性を低減させ、企業に適正な方向づけを与えるために行われるマーケティング・リサーチも、実際にはすべてがスムーズに行われているわけではない。

　アーカーは、マーケターがリサーチャーに対して抱いている不満の基本的原因として、次の3つの状況をあげている。

1）リサーチャーは、マーケターとは異なるということ

　これは、お互いが与えられている職務や責任範囲が異なるので、避けられない事実である。しかし、だからこそ、双方のコミュニケーションを円滑にし、リサーチ結果がマーケターにとっての実践適応性を備えたものになるようにしなければならない。

2）マーケターの非現実的期待

　マーケターが、マーケティング・リサーチをよく理解していない場合のこと。たとえば、次のようなケースがあげられる。

①多くのマーケターは、リサーチをサーベイのような特定の手法と同等視している。
②リサーチは、単に過去を記録するものであり、予測上の価値を欠いたものであると理解されている。
③リサーチがマーケターの望まない結果を明らかにする可能性あるいは監査機能を持つことがあるので、快く思われていない。
④マーケターの中には、マーケティング・リサーチを創造的な活動に対する非創造的で機械的な障害と見なしているものがいる。

　また逆に、マーケティング・リサーチを買いかぶり、ひいては意思決定を助けるというものよりは、その代替物と見なすことすらある。

3）マーケティング・リサーチの価値は、その機能が組織内部で適切に位置づけられていない場合には低下する。

　1つには意思決定のための伝達経路が適切でない場合、調査結果に正当な評価が与えられなかったり、さらにはバイアスが加えられたりする可能性がある。さらに、リサーチ部門の機能が社内で低いレベルに見られている場合、またリサーチ機能が組織として集約されていないでそれぞれの事業部ごとに分散している際には、リサーチに対する包括的なアプローチが失われることになってしまいがちである。

(7) 日々の情報探求

　これまで述べてきたように、マーケティング・リサーチは、その目的や仮説、手法等を明確に定めたうえで、時間と費用をかけて行われるものである。対象や手法にもよるが、新製品の市場導入を目的とした独自のサンプル調査のようなものであれば、企画段階から最終報告書が上がってくるまで、数カ月から半年くらいはかかる場合も多い。

　しかしその間、マーケターたちは調査報告書が上がってくるのを待っているだけではない。彼らの情報探求は、さまざまな日常の活動から得られるデータにも向けられるべきである。それらには、日々の売上げデータ（製品別、

カテゴリー別、エリア別、流通別など)、生産および在庫データ、小売店頭での販売金額や販売数量、市場シェアなどを示すシンジケート・データ(エーシー・ニールセン社など)、業界団体データ、製品別の原価データ、競合の広告出稿データなどがある。

　それぞれの業界、企業によって扱えるデータの種類は異なるだろうが、利用可能なデータソースにはどんなものがあり、それらをどう使えばもっとも効率的かつ効果的な分析ができるかを考えることが大切である。

　また、それらの情報は企業内の誰もが利用できることが望まれるが、一般的には利用者によって求める情報の内容は異なってくる。各エリア担当の営業マネジャーであれば、自分の担当エリアについてできるだけ詳細なデータを必要とするが、経営者が求めるのは市場の全体像がすばやく理解でき、自社にとっての重要な問題点を的確に判断するための、もっと上位レベルのまとめられた情報である。

　このような目的に合致するために構築されたシステムが、マーケティング情報システムと呼ばれているものである。情報は人、もの、金とならぶ極めて重要な経営資源である。競争に勝つためには、他社に勝る情報収集能力と分析能力、それらをベースにした優れたマーケティング意思決定が欠かせない。

　先に述べた、定量的なデータの収集と分析だけでなく、マーケターは自らを市場の中において、いわば生活者の視点から自社製品と市場を眺めることを忘れてはならない。

1) 店頭観察

　今日、多くの消費者は購買時点において初めて自分が購入する銘柄を決定しており、食品や家庭用品の場合、そのような非計画購買の比率は7割以上といわれている。つまり、店に行く前に具体的にどの商品を購入するかをすでに決めている比率は、3割にも満たないのである。

　実際に売場の前で、買い物客がどうやって特定のブランドを選択しているのか、どのくらい時間をかけて比較検討しているのか、そのポイントはどういったところにあるのか、などは実際の店内でなければなかなか知ることは

できない。また、自社ブランドが店内のどういった棚に、どのように並べられているか、また競合製品の店頭展開の仕方などを観察することで、商品戦略だけでなく、価格戦略、流通戦略、プロモーション戦略の今後のヒントを得ることができる。

　店頭観察の場合は、複数の店舗を回ることが大切だが、それと同時に、いくつかの店を定点観測用に定めておき、状況を時系列的にとらえることも有益な情報を得るうえでたいへん役に立つ。

2）流通関係者との話し合い

　通常、企業において流通関係者ともっとも密接な関係にあるのは営業部隊といってよいだろう。彼らは、バイヤーやカテゴリー・マネジャーと呼ばれる流通の仕入れ担当者との関係づくりに日々の業務の多くを割いているはずである。しかし、流通との接点を営業にだけまかしておくのでなく、マーケティング担当者も卸店、あるいは小売店の担当者となるべく直接話をする機会を持つことが大切である。そこでは、両者が単に知り合い理解を深めるだけでなく、製品の売り方、売られ方について、いろいろと相互に学ぶことができる。

3）お客様から寄せられる苦情

　実際に自社製品を使ってくれたお客様で、その製品に不満などがあった人がまずそれを訴える先が、企業のお客様相談室あるいは購入した店舗ではないだろうか。クレームをあげてきたお客様に対し、きちんとした対応をすることによって、逆に自社製品のファンにすることができるだけでなく、企業側が気がつかなかった製品上の問題点や改善点を教えてくれることがよくある。

　苦情処理という窓口のその場だけの対応に終わらせるのでなく、その内容をデータベース化し、マーケティング部門にフィードバックすることで、価値あるマーケティング情報として役立てる可能性を考えておきたい。

　そのほかにも、アンテナ・ショップやショールームの利用、対象ターゲッ

トを集めて組織したネットワークなどを有効に使うことが考えられる。

> **練習課題**
> 1 東京ディズニーランドの競合には、他のテーマパーク以外にどんなものがあるか考えてみよう。
> 2 マーケティングでは、市場シェアだけでなく、マインド・シェアやハート・シェアの変化に注意を払っておく必要がある。それはなぜだろうか。
> 3 受験者数の伸び悩みという課題を抱える大学の経営者に対してリサーチの実施を提案したい。その際、あなたならばどのようなリサーチ内容の提案を行うか。

注
1 ネイルバフ＆ブランデンバーガー（1997）。
2 Kotler (2002) p. 250.

第4章　マーケティング目標と戦略策定

---- エッセンス ----

・明確なマーケティング目標がなければ、マーケティング戦略上のどんな意思決定も、またそれに続く戦術も場当たり的なものになってしまう。

・企業の中では、全社プランの枠組みの中で目標と戦略が入り組んだかたちで構築されている。常に上位の目標に合致したやり方で、下位の目標は設定されていかなければならない。

・業界は製品と買い手（市場）の組み合わせにより構成される。そして、製品と市場に関する戦略は、企業にとっての将来的な方向づけを示す重要な指針といえる。

1　マーケティング目標の意義

　マーケティング目標の設定は、プランニング過程において不可欠な要素である。マーケティング目標は、その企業が自分たちの戦略が達成すべきものが何で、そのための戦略がいつ実行されるかを明らかにする役割を果たす。つまり、マーケティング目標が設定されていなければ、マーケティング戦略上のどんな意思決定も、またそれに続く戦術もフォーカスと整合性を失い、意味をなさなくなってしまう。

　第2章で見てきた市場環境と競合環境の分析から導き出されるビジネスの機会やKSF（Key Success Factors: カギになる成功要因）などが明確になったならば、目標の設定は比較的容易にできると思われがちである。あるいは、そうした市場志向の分析を行うことで、経営者が「来期はもっとうまくやれ」などという希望的な目標値でなく、現実的な目標を企業が設定できるはずと多くの人が思いがちである。しかし、実際の目標設定は、そうした考えよりずっと複雑なものである。

　目標設定という作業に対する一般的なアプローチは、全般的なものから個別のものへ進むやり方が採られる。すなわち、自分たちのビジネスとはどういった性格のものかという命題から、包括的な企業目標へとつなげていくのが最初のステップである。

　次にそれらの企業目標を達成するためのカギとなる成果領域は何かを考える。それらの領域での達成が、自分たちの目標到達にとって死活問題となるからである。たとえばそれらは、市場への製品の浸透や売上げの伸長などである。

　3番目のステップとしては、包括的な目標を達成するのに必要な具体的な目標の設定を行う。たとえば、目標とする販売量、特定の地域への市場拡大、製品のライン拡張などがそれらに当たる。それらの目標は、企業の全社戦略に沿ったものであり、予算内で実行可能なものであり、かつ自社の強みや弱み、各部門の能力に適合したものでなければならない。

経営のトップたちは、長期的な利益率の維持にもっとも関心を持っているかもしれない。一方、その下の階層の人たちの関心は、売上げのアップや市場シェアの拡大、新製品の導入など、もっと具体的であるかもしれない。さらに企業内の階層を下れば、そこでの目標は、たとえばある特定製品のブランド認知率を、狙ったターゲット・グループ内で確立するというような、さらに個別の様相を呈してくる。企業の包括的目標も、これら下位の個別の目標が達成されることで実現されるのである。

しかし、これら個別の目標が万一、統一的な目標にきちんと沿っていなければ、そのための努力は経営資源の多大な浪費に終わる。仮に売上げ増加が可能であっても、そのことが現状の下で過度の支出を伴うものであれば、企業目標にとっては不適当と判断されることもある。

同様に、たとえば広告活動の目標設定は、企業全体の目標や方向性にしっかり沿ったものでなければならない。マーケティング・ミックスの他の要素と整合性が取れ、集約されたかたちで設定されてこそ、現実的な目標設定といえる。

2　目標と戦略

企業がビジネスで達成したいと望んでいるものが目標であり、それは到達点とか期待する結果として規定される。そして、それをどうやって実現するかという手段が、戦略である。その意味では、企業の長期経営プランに記された目標が企業の唯一の目標であると考えることもできる。

その場合、そうした目標は最終利益で表されるのが、一般的ではないだろうか。なぜなら利益は、企業活動の効率を客観的に評価・測定できる普遍的な1つの基準だからである。

さてこの場合、市場シェアをアップするとか売上げを何％か上げる、ブランドの知名度を何ポイントか向上させるといったことはすべて、企業レベル

では利益目標を達成するための手段であり戦略である。しかし一方で、このような戦略は、営業とかマーケティングといった各部門にとっては目標と考えられる。さらに同様にマーケティング部門全体の戦略は、各製品グループにとっての目標となる。このように、企業の中では全社プランの枠組みの中で、目標と戦略が入り組んだかたちで構築されている。こうした状況では、上位の目標に合致したやり方で下位の目標が達成されていかなければ、効率的な経営を実現することはできない。

3　マーケティング目標の設定

ここでは、有名なアンゾフの成長マトリックスをモデルにマーケティング目標について考えてみよう。企業の競争状況は、製品と市場の2つの次元において位置づけることができる。つまり、何が売られるべきかということと誰に売られるべきかという点である。

このフレームワークに沿って、アンゾフは次の4つの成長の方向性を示した。
①既存の製品を既存の市場に対して展開する（市場浸透）
②既存の製品を新たな市場に向け拡張する（市場開拓）
③新製品を既存の市場に向け開発する（製品開発）
④新製品を新たな市場に向け開発する（多角化）
Ⅰ　市場浸透
既存の市場で既存製品の市場シェアの拡大を図る戦略である。そのための手段としては、①競合から顧客を奪う、②既存顧客に対し製品購入量の増加を働きかける、あるいは③未使用者を市場に取り込む、といった方策が採られる。
Ⅱ　市場開拓
既存の製品を新市場に適応させる戦略である。そのためには、①まず現市

図4－1　製品・市場マトリックス（成長戦略）

	既存製品	新製品
既存市場	Ⅰ 市場浸透	Ⅲ 製品開発
新市場	Ⅱ 市場開拓	Ⅳ 多角化

出典：Igor Ansoff (1957), "Strategies for Diversification," Harvard Business Review, Sept-Oct, p. 114 をもとに作成。

場で潜在的なユーザーの発掘に努める、②新たな流通チャネルを開拓する、あるいは③海外など新たな市場への展開を検討する、といった方策が考えられる。

Ⅲ　製品開発

既存の市場での製品拡大を図る戦略である。たとえば金融機関が、現顧客に向けてさまざまな金融新商品を販売しているやり方や、ライフスタイル・マーケティングにより特定ブランドをそのファンたちに複数の製品で展開するといった手法である。

Ⅳ　多角化

新しい製品を新しい市場で展開しようとする戦略である。飲料メーカーがレストラン事業に進出するとか、電力会社が通信事業に進出したような例である。多角化には垂直的なものや水平的なもの、企業買収によるものなどさまざまな方向が含まれるが、いずれにせよ、この領域で成功を収めるのはたやすいことではない。

製品に関する技術的な新規性から市場の新規性まで、マーケティング目標として可能と思われる領域は幅広く存在している。しかしながら、アンゾフのマトリックスでは、図4－1に見られる4つのいずれかの基でマーケティング目標が設定されるという枠組みが示されている。つまりここでは、マー

ケティング目標は、製品と市場のみに関することなのである。なぜならば、企業の財務上の目標を達成するための方策は、一般的に何かを誰かに販売することによって実現されるわけであり、広告や価格政策、セールス・プロモーションなどはすべてそのための手段にすぎないからである。要するに、広告上の目標やセールス・プロモーション上の目標とマーケティング目標は、はっきり区別されるべきであり、混同しないようにしなければならない。

業界は製品と買い手（市場）の組み合わせにより構成されている。そのような製品と市場に関する戦略は、企業にとっての将来的な方向づけを示すコミットメントであり、それゆえマーケティング戦略は製品と市場において規定することができるのである。

こうした目標設定につながるマーケティング上の方向づけは、製品ライフサイクルとポートフォリオ分析から導き出すことができる。そして、それらには次のようないくつかの戦略的方向性がある。

①維持

　通常「金のなる木」タイプの製品と市場の組み合わせに対するものであり、競争上のポジションを保つことを狙いとしている。

②改善

　通常「スター」タイプの製品と市場の組み合わせに対するものである。魅力度の高い市場でさらに競争力を高めることを狙いとしている。

③収穫

　通常「負け犬」タイプの製品と市場の組み合わせに対するものである。競争的な位置づけを断念し、短期の利益とキャッシュ・フローの獲得を狙いとしている。

④撤退

　通常「負け犬」もしくは「問題児」タイプの製品と市場の組み合わせに対するものである。脆弱な競争力しかなく、あるいは市場にとどまっておくだけのコストも回収不能な場合（また、競争力回復に必要なコストが高額でリスクが大な場合）、撤退を余儀なくされる。

図4－2　製品・市場マトリックス（整理・統合戦略）

	製品維持	製品放棄
市場維持	Ⅰ 収穫	Ⅲ 製品縮小
市場放棄	Ⅱ 市場縮小	Ⅳ 撤退

出典：Shoell et al. (1995)、p. 79をもとに作成。

⑤導入

新たなビジネスを展開すること。

　図4－1は事業の成長を前提とした戦略のオプションを示したものだが、戦略は必ずしも前向き（成長志向）のものだけでなく、いわば後ろ向きといった戦略もある。図4－2は、企業が何らかの目的で整理・統合を行っていくための戦略オプションを示したものである。

Ⅰ　収穫

　たとえ製品と市場がともに自社の使命や方向性に適合していても、今後の成長が望めない場合、収穫の戦略が選択されることがある。この戦略は、いわば市場浸透の裏返しの方法といえる。その製品あるいはビジネスをサポートする経営資源を徐々に減らしつつ、利益が上がっている間はできるだけ長くそのポジションを維持するよう心がける。

Ⅱ　市場縮小

　これは市場開拓の裏返しの戦略である。製品はそのままに、展開する市場を自社が競争力を持ち得るエリアのみに限定するやり方。資源が限られている状況で、自社が強みを持つ市場に集中するために採られる戦略である。

Ⅲ　製品縮小

　製品のラインナップを絞り込む場合、製品縮小の戦略が採られる。このやり方は、製品開発の裏返しといえる。同じ市場（顧客グループ）に対し企業

が提供する製品ラインを整理することで、カニバリゼーション（自社製品同士の共食い）を避けるなど、効率性重視のマーケティング展開を図るやり方である。

Ⅳ　撤退

市場からそのまま撤退するか、もしくは他社に事業やブランドを売却する戦略である。自社の企業理念にビジネスが適合していない場合や成功に必要なコア・コンピタンスがその分野に存在しないときに選択される。

ただし、ここで注意すべきことは、図4－1の成長戦略にせよ図4－2の整理・統合戦略にせよ、いずれもこのような一般的なルールにただ盲目的に従うことは避けなければならないことである。これらはむしろ、マーケティング目標やマーケティング戦略を設定する前に、それぞれの企業が主だった製品と市場について自己に問いかけるべき設問用のチェックリストとして役に立てるべきだろう。

ここで、第2章で説明した方向性策定マトリックスを思い出して欲しい（33ページ参照）。そこには4つのボックスのいずれかに位置づけられた各事業があった。それらは、競争状況下での相対的なポジションとサイズを示している。まず、そのマトリックスをベースに、もし自社が各事業に対し何もマーケティング活動を実施しなかった場合、どの位置に移動するか考えてみて欲しい。次に、それらの事業があるべき理想的なポジションはどこなのかを描いてみる。後者で位置づけられたポジションが、その企業の1つの目標なのである。

4　マーケティング戦略

マーケティング戦略とは、マーケティング目標を達成するための手段であり、一般的にマーケティング・ミックスと呼ばれる次の主要4要素から構成

される。
① 製品：製品の導入、改良、廃番、追加、パッケージ、デザインなど製品一般に関する政策。
② 価格：市場セグメントにおいての該当製品グループの価格づけに関する政策。
③ 流通：チャネルとサービス・レベルなど流通一般に関する政策。
④ プロモーション：広告、セールス・プロモーション、DMなど顧客とのコミュニケーションに関する政策。

これらマーケティング4要素における戦略の例としては、次のようなものがあげられる。

1） 製品
　① 製品ラインの拡張
　② 品質や機能の向上
　③ 製品ラインの統合
　④ ブランド化、など
2） 価格
　① 価格や条件の変更
　② 導入価格
　③ 上澄み吸収価格
　④ 市場浸透価格、など
3） 流通
　① 流通経路の変更
　② サービスの変更
　③ SCMなど情報技術の利用
　④ 製販同盟、など
4） プロモーション
　① 広告キャンペーンの変更
　② セールス・プロモーションの変更

③　プッシュ戦略、プル戦略
④　統合型マーケティング・コミュニケーション、など

　繰り返しになるが、マーケティング戦略の策定はマーケティング・プロセスの中でもっとも重要かつ複雑な部分である。それは、自社のすべての経営層に向け、どういった強みがさらに開発され、どのような弱みが改善されなければならないのか、またどういうやり方でそれらがなされるべきかを明確に伝える必要があるからである。また、マーケティング戦略は日々の戦術レベルの計画を支え、その指針となってすべてのマーケティング活動を1つに収斂させる役割を持っている。

練習課題

1　マーケティング目標設定の流れを整理しよう。
2　市場浸透、市場開拓、製品開発、多角化のそれぞれの戦略を展開している企業にはどんな例があるか考えてみよう。
3　2であげた4つの戦略を成功確率が高いものからあげるとすると、どういう順になると考えられるか。またその理由を考えてみよう。

第5章　マーケティング・ミックスの実際

エッセンス

・マーケティング・ミックスを構成する要素は、製品（Product）、価格（Price）、流通チャネル（Place）、プロモーション（Promotion）であり、それらの頭文字から4P戦略といわれている。
・店頭での特売等の価格訴求は即効性を持っている。しかし、次第にブランド力を失い、価格を元に戻したときに通常の売上げを確保できなくなってしまう危険性がある。
・メーカーにとっての流通政策は、難しいコントロールを伴うとともに、容易に変更ができないという特性がある。一方で、効果的な流通チャネルをいったん築けば、長期的な競争優位を期待できる。
・プロモーション戦略を構成する手段としては通常、広告、セールス・プロモーション、人的販売、パブリシティの4つがあげられる。

企業がマーケティング目標を設定したなら、次はどういったやり方で実現するかを決定しなければならない。そのための基本戦略が1960年代前半にE.J.マッカーシーによって整理された、製品（Product）、価格（Price）、流通チャネル（Place）、プロモーション（Promotion）の4要素を基にした戦略である[1]。それぞれの頭文字から4P戦略とも呼ばれ、これらを効果的に組み合わせるやり方が、マーケティング・ミックスの考え方である。

1 製品戦略

製品戦略は、企業が製品という手段を介して顧客の欲求・ニーズに適応していくためのものである。マーケティング・ミックスの中心になる戦略であり、その他の要素である価格、流通、プロモーションに大きな影響を与えるとともに、企業の持続的成長のカギになる。

（1）製品の特性

マーケティング・ミックスの中核をなすのが製品戦略である。そして、マーケティング・ミックスにおいてのみならず、企業が創出する製品やサービスは、企業そのもの存在価値や競争優位の源泉となるものである。

では、顧客にとっての製品とは何だろうか。顧客は何を求めて製品を購入してくれるのだろうか。最近クルマを購入した（または買い換えた）友人何人かにその理由（購入意図あるいは銘柄選択）を尋ねたところ、いくつもの答えが返ってきた。

「とにかく駅までの通勤の足として」という遠距離通勤のAさん。Bさんは「女房の両親と同居することになったので、3列シートのクルマが欲しかっ

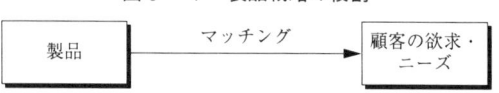

図5－1　製品戦略の役割

た」。Cさんは、「ドライブの好きな新しい彼女のためにスポーツタイプの外車を無理して買ったんだ」。Dさんは、「親戚がカーディーラーをやっているので、そこのセールスマンが薦めてくれたクルマをね」。これらの人にとってのクルマという製品の意味はそれぞれ異なっているといってもよいだろう。

ここで、クルマという製品の持つ特性をいくつかに分けることができる。それらは、
①基本特性：移動や輸送の手段として走り、曲がり、止まる
②物的特性：何人乗りか、燃費はどうか、エンジンサイズは・・・
③イメージ特性：メーカー、ブランド、デザインなど
④付加サービス特性：保証、アフターサービス、下取りなど、である。

コトラーは、製品のレベルを次の3層にわたって考える必要があるとしている[2]。第1段階は、製品のコアであり、中核となるベネフィットを指す。ハーバード大学のT・レビットは「顧客はドリルが買いたいのではない。直径5mmの穴が欲しいのだ」と語っているが、同様にエアコンを買いたい人は、機械ではなく快適な温度と湿度が欲しいはずである。富士写真フィルムの「写ルンです」は、カメラに求める顧客の中核的ベネフィットを、撮られた写真あるいは思い出や記録としての映像ととらえることから新たなポジショニングを獲得した例といえよう。

第2段階は製品の形態である。これは、先のコアを形にしたものであり、製品の特長、スタイル、品質水準、ブランド、パッケージなどを指す。

第3段階は、アフターサービスや品質保証など、製品の形態に伴って提供され、顧客が価値を認める付随的なサービスやベネフィットである。これらのどの階層をもっとも重視するかは、それぞれの製品カテゴリーの特長と市場の発展段階により異なってくる。

（2）製品ポジショニング戦略

本書の第2章で市場の細分化（マーケット・セグメンテーション）につい

て説明した。繰り返しになるが、市場は決して一様ではないため、さまざまな切り口（変数）を用いて全体をいくつかに区分して考える必要がある。そして、そうやって切り分けられた市場セグメントの中から、自社が狙うべき標的市場を設定するのが、ターゲット・マーケティングの考えである。

　さて、狙うべき対象は決まったとしよう。次は自社の製品と顧客の欲求・ニーズとのマッチングを上手に実現するために製品の位置づけを考える段階である。ここでの製品の位置づけとは、ターゲット顧客の意識の中に占める独自の、かつ価値あるポジションを設定すること。その際、対象市場での顧客のニーズを的確にとらえることはもちろんのこと、他社製品との競争関係も考慮して決定しなければならない。

　ポジショニングを語る場合、通常、製品を主体としたポジショニングを意味することが多いと思う。しかし、個々の製品が集まった事業ビジネスそのもののポジショニング、さらには企業の全社戦略に基づく企業そのものの市場におけるポジショニングという考えも存在する。ただし、これらは頻繁に変更が行われたりするものではないため、所与のものとして考えることが一

図5－2　製品と市場の変更

		製品		
		変更なし	変更	技術革新
市場	新規市場	7 ブランド・ポジショニングのやり直し	8 プロダクト・ポジショニングのやり直し	9 イノベーション（革新）
	マーケティング・ミックスの変更	4 リ・マーケティング	5 再導入	6 大規模な製品交代
	変更なし	1 変更なし	2 化粧直し	3 小規模な製品交代

出典：M・マクドナルドほか（1997年）、82ページ。

般的かもしれない。

　製品のポジショニングは、顧客の意識の中へ行われるわけなので、慎重にかつ確実に実施しなくては期待した成果を得ることはできない。ポジショニングが成功する際の要件としては、次のようなものがあげられる。
①ポジショニング上、想定されるターゲットの規模が十分か。
②企業の考えるポジショニングが、顧客にきちんと伝わるか。
③企業の考えるポジショニングに、顧客が共感できるか。
④事業部のビジネスや企業理念などの上位概念と整合性が取れているか。

　また、これら4つの要件とも関連して、ポジショニング戦略は市場の変化が緩やかでなおかつ連続的な変化には有効な手法だが、技術革新が激しく、あるいは顧客のニーズが激しく揺れる場合、マーケターは常に製品と市場のマッチングをモニターし、必要ならばリポジショニング（再ポジショニング）を検討しなければならない。

（3）ブランド戦略
　ブランドとは、自社の製品を競合他社のものと区別するために使用される独自の名前、記号、シンボル、デザイン等およびそれらの組み合わせであり、顧客のロイヤルティを高めることで再購入を確実にするなど、競争上の有利な地位を築くために用いられる[3]。今日では、ブランドとは、決してルイ・ヴィトンやエルメス、シャネルといった高級ファッショングッズや化粧品を指すだけではなく、われわれの身の回りのものすべてがブランド化されているということができる[4]。
　ブランドの採用にはいくつものレベルがあるが、大きく2つに分けることができる。1つはソニーやキッコーマンなどのように、企業のあらゆる製品に特定のブランドを用いる統一ブランド政策とポカリスエットやパンパースのように製品に対し個別にブランドを設定する政策である。また、図5－3のようにブランドの構造を階層化して整理することもできる。

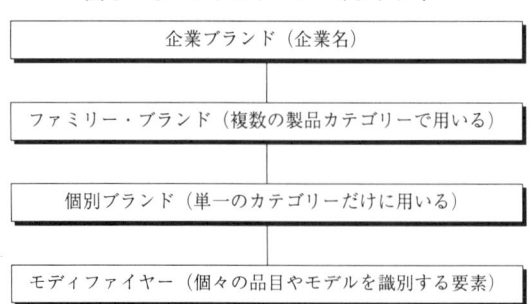

図5-3　ブランド・アーキテクチャー

```
┌─────────────────────────────────────────┐
│     企業ブランド（企業名）              │
└─────────────────────────────────────────┘
┌─────────────────────────────────────────┐
│ ファミリー・ブランド（複数の製品カテゴリーで用いる）│
└─────────────────────────────────────────┘
┌─────────────────────────────────────────┐
│   個別ブランド（単一のカテゴリーだけに用いる）    │
└─────────────────────────────────────────┘
┌─────────────────────────────────────────┐
│ モディファイヤー（個々の品目やモデルを識別する要素）│
└─────────────────────────────────────────┘
```

　一口にブランドといっても、市場できちんと認知され確立された本物のブランドに育てるためには、長年にわたる適切なブランド管理と多額のマーケティング投資の蓄積が必要になる。いったん確立されたブランドには、いろいろなメリットがある。消費者にとっては、知っているブランドは、購入に際して製品の品質の保証となるだろうし、特定のブランド・イメージが、購買・使用の際の満足感をいっそう高めることがある。また、企業から見たブランドは、それによって競合企業や製品との明確な差別化を可能にし、さらに顧客からのブランド・ロイヤルティ（忠誠心）を築くことで、長期的かつ安定的な売上げと利益を期待することができるだろう。K・ケラーはブランドの果たす役割を、企業と消費者のそれぞれの観点で以下のようにまとめている[5]。

1）企業にとってのブランドの役割
　①　製品の取り扱いや追跡を単純化するための識別手段
　②　独自の特徴を法的に保護する手段
　③　満足した消費者への品質シグナル
　④　製品にユニークな連想を与える手段
　⑤　競争優位の源泉
　⑥　財務的成果の源泉

2）消費者にとってのブランドの役割
　①　製品の製造元の識別

② 責任の所在の明確化
③ リスクの削減
④ 探索コストの削減
⑤ メーカーとの約束、契約、協定
⑥ 自己イメージを投影させるシンボリックな仕組み
⑦ 品質のシグナル

　このように確立されたブランドは、その製品が競争市場で戦っていくための強力な優位性を持っている。しかし、そのためにはブランドという企業にとっての貴重な資産を守り、育てていく能力と努力が不可欠であり、短期的な利益誘導などのための安売りなどの行為でいったんブランド・イメージを傷つけてしまうと、その修復にはその何倍ものコストがかかるだけでなく、結果としてそのブランドとしての価値をまったくなくしてしまうことにもなりかねない。

（4）新製品の導入

　顧客のニーズは絶えず変化していく。企業が売上げを維持・発展させていくためには、そうした顧客のニーズ・欲求に応えられる新製品を市場に展開していかねばならない。あるいは顧客のニーズ自体を掘り起こす新製品を開発することが不可欠になってくる。

　企業が新製品を導入する手段としては、大きく2つの方法がある。それは、社外からの買収と社内での開発である。買収には、先方の企業もしくは事業自体を買収するやり方、特許を買い取るやり方、そしてフランチャイズやライセンスの契約によるやり方がある。

　買収によって新製品を手にするのか、それとも開発によって用意するのかは、それぞれの企業の戦略による。また、自社で開発する際にも、社内で独自に開発を進めるものと外部機関とのネットワークを利用するやり方がある。競争の激しい市場では、こうした新製品開発に関する異なった戦略から、常

に最適な方法を採用できるような仕組みづくりが必要である。

　新製品とひと口にいっても、その展開方法にはさまざまなタイプがあり、それらは次のように分類することができる。

①革新的な新製品：新しい市場を創造することのできる製品。
②新製品ライン：既存の市場に対して競争相手より優れた価値（高品質、低価格）を備えて参入する製品群。
③製品の改良：既存製品の品質等の向上、もしくは顧客から認識される価値を向上。
④製品ラインの拡張：既存製品ラインに幅を持たせ、補完するための製品。
⑤リポジショニング：既存製品を用いて新しい市場をターゲットにするため

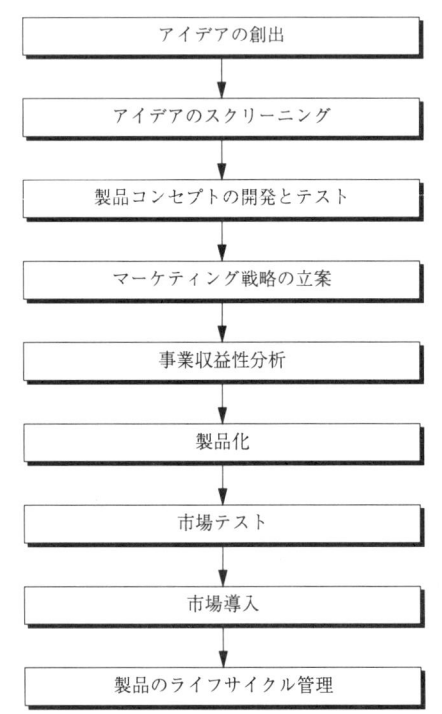

図5－4　新製品の開発・導入プロセス

```
┌─────────────────────┐
│   アイデアの創出    │
└──────────┬──────────┘
           ▼
┌─────────────────────┐
│ アイデアのスクリーニング │
└──────────┬──────────┘
           ▼
┌─────────────────────┐
│ 製品コンセプトの開発とテスト │
└──────────┬──────────┘
           ▼
┌─────────────────────┐
│ マーケティング戦略の立案 │
└──────────┬──────────┘
           ▼
┌─────────────────────┐
│    事業収益性分析   │
└──────────┬──────────┘
           ▼
┌─────────────────────┐
│       製品化        │
└──────────┬──────────┘
           ▼
┌─────────────────────┐
│      市場テスト     │
└──────────┬──────────┘
           ▼
┌─────────────────────┐
│      市場導入       │
└──────────┬──────────┘
           ▼
┌─────────────────────┐
│ 製品のライフサイクル管理 │
└─────────────────────┘
```

出典：P・コトラーほか（1995年）、371ページをもとに加筆修正。

に、ユーザーにとって新しい価値観を訴求すること。
⑥模倣的製品：既存製品の模倣だが、より安い価格で提供するもの。

（4）新製品の開発ステップ

　企業が新製品を開発、市場導入するまでのおもなステップを、図5－4を基に順を追って説明していきたい。

1）アイデアの創出

　新製品の開発の段階は、まずアイデアの創出が出発点になる。そのきっかけとなるのは、市場のニーズ、競合企業の行動、技術の進歩、製品化技術の改善、発明や特許などである。

　アイデアは創造的な洞察力や自由な発想から生まれてくることが多いのも事実だが、ただ単なる思いつきや偶然にまかせるのではなく、継続的な新製品開発のためにはシステマティックな手法と組織が必要となる。

　また、斬新であれば何でもいいというわけではなく、企業目的と適合している必要があるのはいうまでもない。そうでなければ、せっかく多額の研究開発費をかけていながら最終承認が得られず、すべてが回収不能なコストに終わる可能性がある。そのためには、経営トップが事業の領域、目的・戦略を社内に対し明確に示さなければならない。

　新製品のアイデアに関する情報は通常、社内と社外の両方から求められる。社内の情報としては、研究開発部門、企画部門、マーケティング部門、販売部門、調査部門、生産部門が中心となる。内部でのアイデアの創出を継続的に進めるためには、各種の提案制度のようなものを設定して、アイデア採用者が適正なインセンティブ（報奨や評価）を受ける仕組みをつくるのも1つの手である。

　社外の情報源としては、顧客、仕入先、流通業者、競合企業、政府機関、広告会社、各種研究機関などが存在する。

　新製品開発の担当者は、以上のような各種情報源を活用するのはもちろんのこと、第2章でも触れたとおり、自らが日頃から生活者の視点で市場を見

る視点を持つことが肝心である。

2） アイデアのスクリーニング

　収集したアイデアを評価し、選択するアイデア・マネジメントの段階。このステップは先のアイデアの創出と同様、もしくはそれ以上に難しい作業である。

　この段階において、企業は次の2つの誤りを注意深く避けるようにしなくてはならない。それは、①重要なアイデアの潜在力を見抜けず、棄ててしまうことと、②本来的に貧弱なアイデアを誤って過大評価し、次の段階に進めてしまうことである。どちらも企業にとって、多大な損失につながる。

　アイデアのスクリーニングに関しては、評価の基準と手順をどのようにするかという点と、製品コンセプトの開発段階へいくつアイデアを残すかという点が重要である。さらに、選択されたアイデアの中で優先順位をつけるとともに、その開発テーマが企業にとって急を要することか、それとも中期的、もしくは長期的な存在なのかを、予想されるインパクトを考慮したうえで決定しなければならない。

　アイデアの評価を行うにあたっては、客観的で全社的な基準を設けなければならない。そうした基準がなければ、研究開発、マーケティング、販売、それに経営トップなど評価を行う人たちの個々の利益、関心、動機といったものが多分に反映され、適正な評価行動がなされなくなる。評価基準は、内部要因と外部要因に分けて設定され、それぞれの評価点は数値化されること

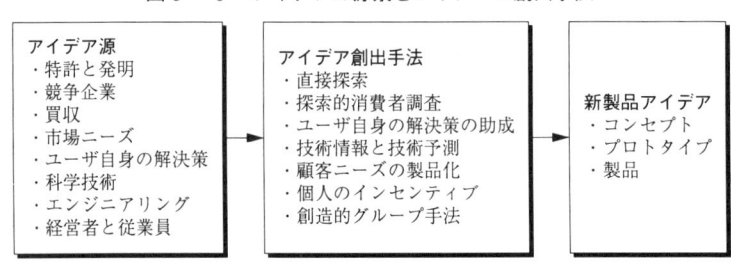

図5－5　アイデアの源泉とアイデアの創出手法

アイデア源	アイデア創出手法	新製品アイデア
・特許と発明 ・競争企業 ・買収 ・市場ニーズ ・ユーザ自身の解決策 ・科学技術 ・エンジニアリング ・経営者と従業員	・直接探索 ・探索的消費者調査 ・ユーザ自身の解決策の助成 ・技術情報と技術予測 ・顧客ニーズの製品化 ・個人のインセンティブ ・創造的グループ手法	・コンセプト ・プロトタイプ ・製品

出典：アーバンほか（1989年）、124ページ。

が望ましい。
　内部要因としては、次のようなものがあげられる。
①自社の伝統基準：自社のイメージ、顧客層など
②マーケティング基準：既存製品とのシナジー、製品ライフサイクル、流通
　チャネル、販売力、サービス体制など
③財務基準：投資収益率、売上げ構成比など
④研究開発基準：技術力、特許、研究開発体制
⑤生産基準：原材料・部品の調達、製品の配送など
　また、外部要因としては次の2つがあげられる。
①市場基準：予想される市場規模、成長性、安定性、競合環境など
②社会基準：法律・規制、消費者動向、経済動向、環境問題など

3）　製品コンセプトの開発とテスト
　スクリーニングされたアイデアは、製品コンセプトを開発する段階に進む。顧客はアイデアに対してお金を払うわけではなく、その製品に自分たちにとって価値のある意義を見いだしたときに、初めて購入するのである。その「顧客にとって価値ある意義」が製品コンセプトである。たとえあるメーカーがいかに斬新な新技術を開発したとしても、それが製品として顧客に便益を与えるものでなければ、市場では成功しないだろう。製品開発は、常に「顧客に使用され、満足してもらって初めて価値がある」というマーケット・インの発想によって進めなければならない。
　製品コンセプトの要素は、次のような3つに分けることができる。
①誰が買うのか。誰が使用するのか
②製品ラインの中で、その新製品はどのような位置づけにあるのか
③訴求ポイントは何か

　製品コンセプトが固まってきたら、実際に製品としてかたちにする前に、コンセプト自体の検証をすることが望まれる。コンセプト評価のためのテス

トは、想定ターゲット・グループを対象に言葉や絵などによって示され、その反応を得ることを目的に実施される。きちんとしたテストによって、複数のコンセプト案の中から最良のものを選んだり、そのコンセプトの成功度合いなどを判断することが可能になる。

4） マーケティング戦略の開発

　製品コンセプトが定まったら、次の段階は新製品を市場に導入するための予備的なマーケティング戦略の開発である。マーケティング戦略は、新製品開発のプロジェクトが進むにつれ、徐々に精緻なものにまとめ上げられていくが、この段階は今後の収益性分析をするためにも重要になる。

　この段階でのマーケティング戦略は、次の3つの内容に分けられる。
①ターゲット市場の規模・構造・特性、新製品のポジショニング、短期的な予想売上高・シェア・利益
②新製品の目標価格、流通戦略、初年度のマーケティング予算の概要
③長期的な売上高と利益目標、およびその間のマーケティング・ミックス

5） 事業収益性分析

　製品コンセプトと市場導入のための予備的マーケティング戦略が決定したら、次の段階として、新製品が市場に導入された場合のコスト、売上高、利益などを予測し、それが企業目標を満たすものかどうかを判断しなければならない。どんなに素晴らしい製品コンセプトでも、その時の企業戦略に合致したものでなければ次の段階に進むことはできない。

　製品コストは、研究開発、製造、経理・財務部門からのデータを基に計算されるが、市場での売上予測から計算した利益によって推定される期待コストと併せて比較検討が行われる。

6） 製品化

　事業収益性分析において、製品コンセプトが開発すべきものと判断された

ならば、具体的なかたちを持った製品化の段階に達したことになる。
　製品化にあたっては、研究開発部門や製造部門が製品のプロトタイプ（試作品）を製作し、製品コンセプトを具体的なイメージに移していく。プロトタイプは、その製品の機能的特性はもちろんのこと、心理的コンセプトも確実に表現したものでなければならない。そのためにこの段階では、次のような基準をクリアできる試作品が求められる。
①顧客から見て、製品コンセプトを的確に表現しているか
②通常の用途と状況において安全に機能を発揮するか
③使用する人の感性を満足させるか
④使う人の使い勝手に十分配慮しているか
⑤製造のしやすさを考慮しているか
⑥設定した製品コスト内で生産できるか

　また、この段階において、製品性能や安全性に関する機能テストと、製品が見込みターゲットにうまく適合するかを見定めるための消費者テストが行われる。

7）テスト・マーケティング
　この段階では、新製品の全国発売に先立って、新製品の市場性、販売可能性を知るためにテスト・マーケティングが実施される。テスト・マーケティングは、マーケターがその製品を実際にマーケティングすることで、マーケティング戦略上の問題点がどこにあるかを探るためにも役立つ。一方、テスト・マーケティングには大きなコストがかかるだけでなく、多くの場合、競合他社に事前に情報を与えてしまうことにもなる。
　テスト・マーケティングの必要度は、製品導入の緊急度、製品の革新性、予想される販売リスク、投資コストの大きさなどによって異なる。テスト・マーケティングは、将来の競合企業の行動や反応、経済状況、顧客の購買意識変化などについては教えてくれない。しかし、新製品に対して顧客がどの

ように反応するかについて、机の上では分からない貴重な情報を与えてくれるのは確かである。

テストのやり方としては、第3章で説明した特定の商圏を選んで実施される伝統的テスト・マーケティングのほかに、ある特定小売業者の協力を得て実施されるものもある。POSを利用したスキャン・データを取ることで、テストとして有効な情報を収集することができる。さらに、実際の店舗ではなく特定の場所に消費者を集めて、実験的に調査内容を確認する方法なども用いられる。

テスト・マーケティングが結果として大きなあだになってしまった有名な例に、米国でのニュー・コークのケースがある。コカ・コーラ社はニュー・コーク導入に先立って極めて大規模なリサーチを実施した。目隠しテストの結果では、6割が新しいコークを選ぶことが分かり、1985年5月にニュー・コークは全米に導入された。しかし、コーク・ファンからの反対運動と売上げの低迷からわずかその2カ月後には、もとのコークがコーク・クラシックとして市場に復活したのである。

これは、調査が味覚のみを検討したものになっており、それ以外の心理的な要因を含む「ブランド」としての総合的価値を考慮していなかったことに原因があったと考えられる。

8) 市場導入

テスト・マーケティングの結果などから、その新製品をデビューさせるかどうかの意思決定が行われる。導入することが決定されたら、その時期をどうするか、マーケティング戦略をどのように修正するかが検討される。また、生産計画とマーケティング・プランのすり合わせも必要になってくる。

9) 製品のライフサイクル管理

こうして新製品が無事に市場に登場するまでには、多額の資金と時間と労力が投入されている。この投資を回収するとともに、新製品を市場において

定番として定着させるための努力がこれから始まる。そのためには、市場という荒海に船出した新製品が順調に予定通り進行しているかどうか、あらゆる角度からのモニターとチェックが必要である。そして、市場に慣れてくるに従い、より効率的な航海ができないかどうか、マーケティング・ミックスの調整が求められる。そして、市場や流通の反応、競合の対応に合わせて、広告、販売促進、価格、流通に関する戦略を随時整えていかねばならない。

　製品が成熟するに伴って、新たな競争相手も参入してくるだろう。市場環境も変化し、マーケターは価格はこのままでよいのか、広告予算はどうするか、製品特性を強化するか、ポジショニングの変更の必要性はどうか、流通経路は既存のものだけで十分かなど、さまざまな課題に対して答えを求められるようになる。

　以上が新製品開発の基本ステップであるが、それでは現実はその通りいっているのか。図5-6は、ある大企業の新製品開発担当ディレクターが作った、自分たちの計画と実際の違いを示したものである。右側のフローはまるで冗談のようだが、多くのケースは多かれ少なかれこんなものかもしれない。

　こうした状況に陥らないためには、①プロジェクトの規律と統制を経営者レベルがきちんと実施すること、②創造的な作業と分析的な作業をうまくコーディネートさせることの2点が不可欠なのである。

　新製品の開発・市場導入は、全社的なプロジェクトである。とりわけ独創的な新製品の実現を期待すれば、同時にリスクも大きなものになってくるため、統合された企業力を発揮することが成功するためには不可欠な要因になる。そこで、企業のトップ・マネジメントがいかにリーダーシップを持って、果敢に企業全体を引っ張っていけるかといった要素も組織的に重要になってくる。

　トップに求められる要件の代表的なものとして、次のようなものがある。まず、スピード感と危機感を常に持った新製品コンセプト創造を推進するリーダーシップ。次に、経営資源の集中とリスク・マネジメントに代表される戦略的方向性の明確化。そして、開発プロセスを支援するための、新しいア

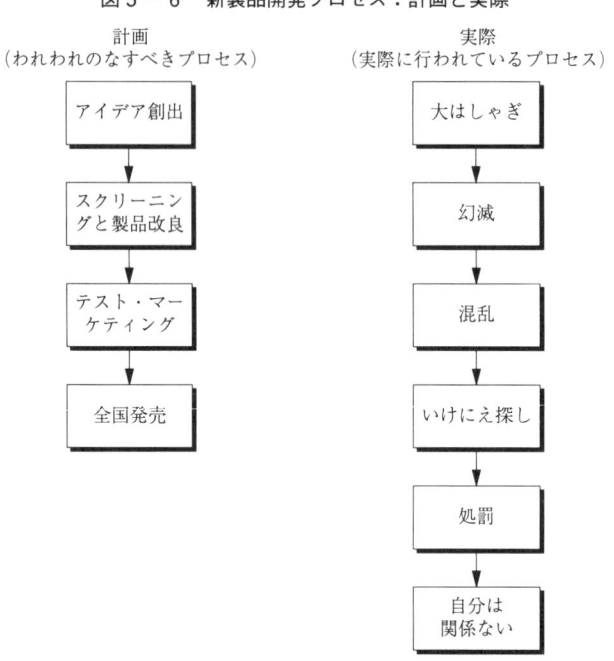

図5-6 新製品開発プロセス:計画と実際

計画
(われわれのなすべきプロセス)

アイデア創出
↓
スクリーニングと製品改良
↓
テスト・マーケティング
↓
全国発売

実際
(実際に行われているプロセス)

大はしゃぎ
↓
幻滅
↓
混乱
↓
いけにえ探し
↓
処罰
↓
自分は関係ない

出典:アーバンほか(1989年)、74ページ。

イデアに対する直接的な関与姿勢などがあげられる。

　最後に、新製品の失敗の原因を考えてみたい。ある調査によれば、消費財の市場への新製品導入において、まずその製品デザインテストが成功する確率が50%。その中で市場テストに成功する確率が45%。さらにその中で、実際に市場で成功するのが70%。結果、消費財の新製品開発が市場で成功する確率は、全体の16%しかないといわれている。当然のことながら、市場で成功せずにすぐに消えていく製品にも、成功した製品同様に多額の開発コストがかけられていることを忘れてはならない。

　さらに、新製品がいったん市場導入されたからといって、それが成功裏に展開されるかどうかはまったく別の問題である。その例としては、企業が導入に際しての市場性を見誤ったり、ポジショニングで失敗したり、価格が顧客にとって受け入れられなかったり、あるいは広告戦略が不適切だったりし

表5−1 新製品の失敗：その原因と対策

失敗の理由	原　因	対　策
1．対象市場が小さい	このタイプの製品に対する市場の需要があまりない	市場機会の発見およびコンセプト・テストの段階で市場を定義し、市場規模を推測する
2．企業の特質に合わない	製品開発の要件と自社の特質とが合わない	開発に取りかかる前に、自社の資質と戦略計画とに合致した市場機会を見いだす
3．新しさ／差別性の欠如	何ら新しさのない貧弱なアイデア	創造的かつ組織立ったアイデアの創出を行い、そのアイデアが消費者にどう認識されているのかを早期にチェックする
4．真のベネフィットの欠如	既存品に比べて優れた商品力がない	製品デザイン段階で、実際の製品使用テストだけでなく、コンセプトが消費者にどう受けとめられるのかについてもテストする
5．ポジショニングが悪い／消費者ニーズの誤解	消費者の目に、その製品の特性がユニークとか優れていると映らない	知覚マップや選考分析の結果を利用して、良いポジショニングの製品を作る
6．流通の支援が不十分	製品が、当初期待した流通の支援を得られない	プリテスト・マーケットの段階で流通サイドの反応をチェックする
7．予測の誤り	過大な売上予測	製品デザイン、プリテスト、本番テストの各段階で、系統立った手法により、どの程度受け入れられるかを予測する
8．競合企業の反応	迅速で、しかも効果的なコピー製品の登場	市場を先取りできる製品デザインとポジショニングを行う。競合企業の動きを素早くとらえ、迅速に対抗する
9．消費者の好みの変化	消費者の選好が大きく変化したため、その製品が成功できなくなってしまった	製品の開発中も発売後も、消費者のパーセプションや選好を頻繁にモニターする
10．環境の変化	主要な環境要因が急激に変化した	市場機会の発見、製品デザインの各段階で環境要因を組み入れ、適応制御を行う
11．投資収益率が不十分	利益性が悪く、コストが高い	慎重な市場の選択、売上げとコストの予測、市場反応分析を通じて利益の最大化を図る
12．組織的な問題	内部の利害の衝突とか、経営の仕方のまずさ	内部のコミュニケーションを促進するように、新製品開発に部門横断的アプローチを採用し、公式、非公式両方の組織設計を行う

出典：アーバンほか（1989年）、76ページ。

た場合があげられる。

　その他、新製品が失敗する原因と対策について、表5－1が参考になるだろう。

2　価格戦略

（1）非価格競争と価格競争

　顧客が製品を購買選択する際の基準は、その顧客にとって価値があるかどうかである。顧客にとっての価値とは、製品のパフォーマンスと価格の関係からあみ出される。顧客は常に製品の購入価格に大きな関心を払っており、また価格は紛れもなく企業にとっての重要な意思決定の要素になる。その価格決定は、企業のマーケティング戦略の成否を決定する重要問題である。

　価格をめぐる市場での競争には、非価格競争と価格競争がある。非価格競争は、製品そのものの品質や性能、企業や製品のブランド力などを基にする競争のやり方である。一方、価格競争は、もっぱら市場で廉価であることをアピール・ポイントとする製品間の競争である。たとえば日用必需品で、それらの製品の機能に明らかな差異が存在しない場合、また広告等によるイメージの差別化がきちんとなされない場合、売上げを上げる手だては価格を中心とした訴求方法へと進む。

　店頭での特売等の価格訴求は、確かに即効性がある。しかし、徐々にブランド力を失い、価格を元に戻したときに通常の売上げを確保できる価格復元力を低下させてしまうことに注意しなければならない。結果的に、ブランド・イメージを修復不可能にし、総売上げが減少していくことにもなりかねない。このような価格競争に陥らないように、マーケターや経営者は常に配慮をしておく必要がある。

　価格はコストと並んで直接的に企業収益に影響を与える要素である。企業戦略、マーケティング戦略の中で総合的に判断が行われなければならない。

そこでは、コストをはじめとする自社内部の都合だけでなく、市場や競合の状況の変化を上手にとらえた多様な価格設定が求められる。

(2) 価格決定の影響要因

企業が製品価格を決定する際には、多くの要因の影響を受ける。それらはマーケティング目標、マーケティング・ミックス戦略、コストと利益目標、企業イメージといった内部要因および競争環境、市場と需要の特性、取引先、経済状況、法的規制などの外部要因に大別される。

(3) 価格決定のアプローチ

製品につけられる価格は、その製品にかかる諸費用と利益の総額である。製品の価格が決定される際、その製造原価、営業コスト、利益が考慮してなされるのはもちろんのこと、それ以外に競合製品の価格および顧客の価格意識などの要因も複雑に関係している。

一般的な価格決定アプローチには、コスト志向の価格決定、競争志向の価格決定、そして顧客需要志向の価格決定の3つがあげられる。先の2つは売り手側の、3つめのものは顧客側からの視点だが、これら3アプローチは決

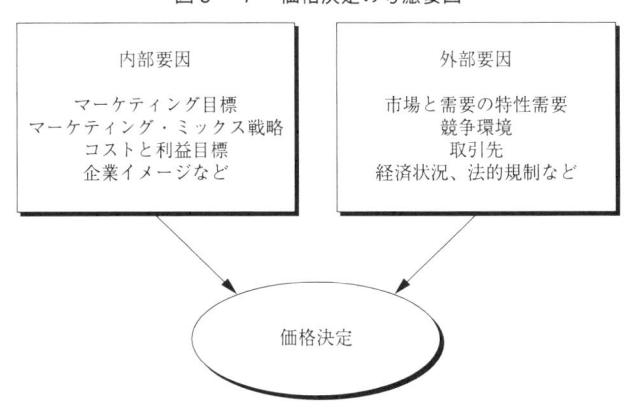

図5-7 価格決定の考慮要因

```
┌─────────────────┐      ┌─────────────────┐
│    内部要因      │      │    外部要因      │
│                 │      │                 │
│ マーケティング目標 │      │ 市場と需要の特性需要│
│マーケティング・ミックス戦略│      │    競争環境      │
│  コストと利益目標  │      │     取引先       │
│  企業イメージなど │      │ 経済状況、法的規制など│
└─────────────────┘      └─────────────────┘
           ↘                    ↙
              ┌──────────┐
              │  価格決定  │
              └──────────┘
```

出典:コトラーほか (1995年)、403ページをもとに作成。

して独立した考え方ではなく、現実の価格決定においては3つのすべての視点からの検討がなされなければならない。

1） コスト志向の価格決定

このアプローチの代表的な方法がコスト・プラス法である。コスト・プラス法では、要した費用に目標とする利益を加えて最終価格を決定する。総費用はメーカーの場合、固定費に変動費（単位あたり変動費×販売数量）を加えたものである。このような総費用に期待する利益を加え、それを基に一製品あたりの価格として算出する。

この方法は、比較的簡単に価格決定が行えるため、価格決定のもっとも一般的な方法といえる。特に流通業者においては、仕入れ原価に一定率のマージンやマークアップを加算して販売価格が決定される。

固定費が大きな場合は、販売数によって単位あたりのコストが大幅に変わってくる。そのためには、あらかじめ販売数と収支の関係を見定めるための損益分岐点分析が行われる。

2） 競争志向の価格決定

競争志向の価格決定は、原価だけでなく競争製品の価格を考慮して行われる。その場合、競合製品の希望小売価格、店頭での実売価格、流通業者のマージン、流通業者に支払われているリベートなどを調べておく。

一般的に、あるカテゴリーで2番手、3番手のシェアを持つ製品は、リーダー製品と同等か、もしくはそれ以下に価格づけをしているケースが多いようである。

3） 顧客需要志向の価格決定

供給者の視点ではなく、顧客の知覚価値に基づいて価格を決定しようとするやり方である。その際は、価格の高低が顧客の購買行動にどのように影響するか、また価格の変更によって購買行動がどう変わるか、そして価格による競合製品との差別化を顧客はどのように受けとめているかなどの点を検討する必要がある。

顧客の価格に対する判断は、多分に心理的な要素を含んでいる。製品によ

っては価格というのは、製品入手のためのしかたない対価ではなく、品質の保証であったりする。「高いほど、ものがいいに決まっている」というような考えである。これが必ずしも正しいわけではないが、一般的に人は価格を品質のシグナルと受け取り、価格が高ければ品質も良いと判断する傾向があるのは事実だろう。逆にいえば、価格を急に下げたがために、品質に対する信頼を失うなどということもある。

　また、価格の決定は第2章で説明したプロダクト・ライフサイクルと併せて検討されるが、新製品の市場導入を企業が行うときに用いられる価格戦略もある。

　1つは、高価格を設定することで新製品導入にかかった資金の早期回収を目的にするもので、スキミング価格（上澄み吸収価格）と呼ぶ。主として多額な投資を必要とする技術主導型の産業において採用されている。最初はマーケットが小さくても、そこでの初期採用者を狙い、高価格で高付加価値を提供し、高い利益率を享受しようとする考え方である。さらに、競合が追って参入してきた段階で、価格を下げて反撃する余地を残しておくこともできる。

　もう1つは、初めから新製品を低価格で導入する方法で、ペネトレーション価格（市場浸透価格）と呼ぶ。市場に価格感度の高い顧客が多く、また需要の価格弾力性が大きい場合に、一気に市場で大きなシェアを獲得することを目的とした価格戦略である。初期購入を容易にすることでまず購入してもらい、そして広く顧客に使ってもらうことでロイヤルティを持ってもらうことを狙った価格政策である。

　この手法はまた、累積の販売量が増えるにつれ、経験効果や規模の経済性が働き、単位あたりのコストが低減するというロジックに基づいている。つまり、極端な話、最初は赤字承知の低価格で販売したとしても、売れさえすればそのうち単位あたりのコストを下げることができ、やがて大きな利益を確保することができるわけである。

　価格はこうした複数のアプローチを用いて決定されるわけだが、最終的には個々の製品マネジメントの観点からのみでなく、企業の全社戦略と利益計

画に基づいて決定されねばならない。なぜなら、ポートフォリオ戦略の中で、それぞれの製品に与えられているポジションは異なるからである。損失を出していても、製品ラインに欠かせないという理由で存続している製品が存在する所以である。また、同一の企業だからといって、そのすべての製品が同じ利益率を上げられるとは限らないからである。

3　流通チャネル戦略

　流通チャネル戦略のPはPlace（場所）のPである。流通を英語にすると本来はDistributionであるが、流通チャネルは場所に関する概念であり、また頭文字を合わせてマーケティング・ミックスの4P戦略とするために便宜上Placeと呼んでいる。

　メーカーにとっての流通は基本的に外部資源であり、その構築には多大な費用と時間を要する。また、その政策は難しいコントロールを伴うとともに、他のマーケティング・ミックスに比べて変更が容易にできないなど、経営の観点から難しい特性を持っている。

　しかし、効果的な流通チャネルをいったん築けば、長期的な競争優位を獲得することができる。それだけに、慎重な意思決定が問われるマーケティング戦略の領域といえよう。

（1）流通と購買行動

　一般的に顧客による製品の購入は、スーパーマーケットやコンビニエンス・ストアといった小売流通を介して行われる。スーパーマーケット内で行ったある調査によると、そこでの買い物の76％の品目は店内において初めて購買の生起がなされていたそうである。つまり、何を買うかを事前に決定していた割合は24％程度にすぎず、しかも事前に特定のブランドの購買決定をして来店した割合は、全体の11％程度だった。

このことは、多くの顧客は来店してから何を買うかを決めているということを示している。その場合、顧客は店頭に存在しない商品は当然買うことができない。したがって、メーカーにとっては、どれだけ多くの小売店に製品を並べられるかという配荷力が販売力の基本になる。

　しかしメーカーにとっての今日的な課題は、ただ単に製品を店頭においてもらうだけでなく、それと同時に小売店の協力を得て、自社製品の並べられた売場をいかに魅力的にするかということである。良い製品さえ作れば自然に売れるというわけではなく、また店においてもらえれば勝手に売れる、というわけではない。

（２）流通チャネルの設定

　先にも述べた通り、流通チャネル戦略にかかわる意思決定は長期的な視点から慎重になされることが肝心であり、その際には多くの点に注意を払う必要が出てくる。考慮しなければならない代表的な点として次のようなものがある。

１）市場（顧客）特性

　まず、その製品の潜在顧客数がどのくらいかを考えなければならない。消費財と産業財では潜在顧客の数が異なる。産業財の場合は、最終ユーザーが限られることが多く、そのため流通業者を省くことも可能である。しかし、

図５－８　店舗内購買の実態

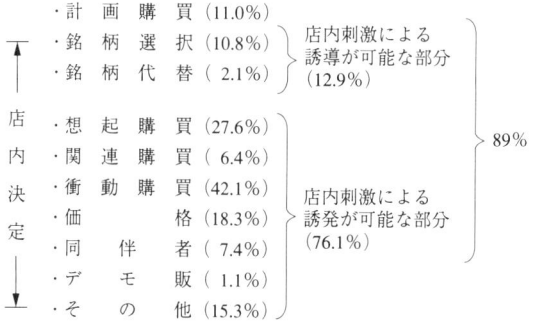

```
              ・計　画　購　買（11.0％）
              ・銘　柄　選　択（10.8％）  ｝店内刺激による
              ・銘　柄　代　替（ 2.1％）   誘導が可能な部分
                                          （12.9％）
         店   ・想　起　購　買（27.6％）
         内   ・関　連　購　買（ 6.4％）                        ｝89％
         決   ・衝　動　購　買（42.1％）  ｝店内刺激による
         定   ・価　　　　　格（18.3％）   誘発が可能な部分
              ・同　　伴　　者（ 7.4％）   （76.1％）
              ・デ　モ　販　売（ 1.1％）
              ・そ　　の　　他（15.3％）
```

出典：日本マーケティング協会編（1995年）、212ページ。

一般消費財の場合、不特定多数の潜在顧客に販売しなければならないため、一般的には使用する流通チャネルは複雑になる傾向がある。

また、顧客が地理的に集中している場合と全国に分散している場合、発注ロットのサイズが大型の場合と少量の場合でも流通チャネルの採用に対する考え方が異なってくる。

2） 製品特性

　低価格の製品を大量に販売するのか、それとも高価格製品を少量販売するのかで流通チャネルは異なる。たとえば、こだわりの度合いが低い日用雑貨品や加工食品、飲料の販売のためには、なるべく広い販路が望ましい。さらに鮮度がどれだけ問われるかも流通チャネルの長さに影響を与える。

　また、技術的に高度な製品できめ細かいアフターサービスが求められる製品の場合、限定された専門的な小売業ないしメーカーの営業部門が直接販売をするほうが適しているといえよう。

3） 自社の経営資源

　花王のように他の卸業者を通さずに、独自の販売会社システムを用いて全国に展開しているメーカーがある。販社を通した流通が効率的かどうかはその企業の考え方次第だが、小売りに近いところで一緒に顧客に向けてマーケティング・アプローチを取りやすいのは事実だろう。

　しかし、そうしたフィールド・マーケティングで、メーカーが効果的な小売店支援を実施するためには、情報技術・情報システムの開発や人材開発などへの十分な経営資源の振り分けが必須の条件になる。また当然ながら、販社の設立と管理のためには費用負担がかかる。

4） 競合の流通チャネル

　自社の製品は市場（店頭）において、当然、競合製品との競争にさらされる。どのような流通チャネルを採用するかが、競争上の優位の獲得につなが

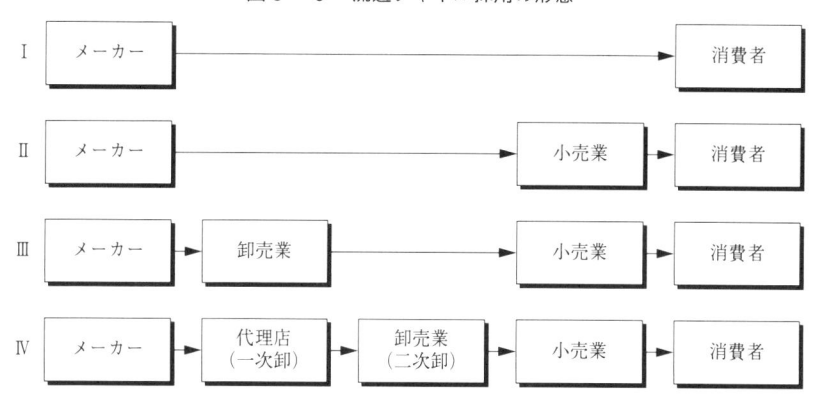

図5－9　流通チャネル採用の形態

Ⅰ　メーカー → 消費者

Ⅱ　メーカー → 小売業 → 消費者

Ⅲ　メーカー → 卸売業 → 小売業 → 消費者

Ⅳ　メーカー → 代理店（一次卸）→ 卸売業（二次卸）→ 小売業 → 消費者

ることがある。製品自体の差別化要因が少ない場合には、チャネル戦略によって差別的優位性を発揮することも考えられる。

（3）流通チャネルの採用形態

　流通チャネルは、中間業者の段階数によって図5－9のような4つの方法に分けられる。どれを採用するかは、製品カテゴリーの特性、業界の慣習、企業戦略などによって規定される。

　Ⅰは中間業者を介さないで、メーカーが直接消費者に販売を行うケースである。たとえばインターネットなどを利用した通信販売業やテレビ・ショッピング、化粧品メーカーの訪問販売などが、これに当たる。また生産財の販売形態も、高度な専門的情報を交換する必要性から直接販売の形態が一般的である。

　Ⅱはメーカーと消費者の間に中間業者が一つ介在する場合である。ケースとしては、メーカーあるいはメーカー専属の販売会社が他の卸売業を介在させないようにして小売店に直接販売する場合や、主導力を持った大型の小売業が卸業を排して直接メーカーと取引する場合である。前者のケースの場合、メーカーは小売店を直接コントロールすることが可能であるが、一方で小売店への配荷率に制約が伴う。

Ⅲはもっとも一般的な流通の形態である。メーカーは小売店の配荷率を上げることを期待できるが、自分たちのマーケティング・コントロールを店頭で実現することは困難である。小売業にとっては少量取引の際に好都合である。

Ⅳではメーカーは、地域卸売業者の中から適格なものを選んで地域の代理店（一次卸）に起用する。この代理店が二次卸を通じて、あるいは自ら小売店に商品を卸す。ナショナル・ブランドの日用雑貨品や食料品など、対象小売店が多い場合にこの方法が採用されている。

（4）流通チャネル政策

小売店起用にかかわる流通チャネル政策としては、次の3つのタイプがある。

1）開放的チャネル政策

すべての希望する小売店に対して開放的に販売を行う。日用雑貨品や飲料などのような最寄品を、消費者が求めるときにすぐに手に入るようにしたいときの政策である。政策の性格上、小売店の自由裁量度が高いため、メーカー側のコントロールは一般的に困難になる。

2）限定的チャネル政策

その企業の製品をそれぞれの販売地域において、限られた小売店で排他的に販売する権利を与える政策である。製品のブランド力やメーカーの総合力が強いほど、小売りをコントロールすることができる。自動車ディーラーや石油業界のガソリン・スタンド・システムなどが例としてあげられる。この場合、販売店の主体性が喪失することや、小売店機能が長期的に衰えていく危険性があることに注意する必要がある。

3）選択的チャネル政策

開放的チャネル政策と限定的チャネル政策の中間に位置するものが、選択的チャネル政策である。小売店の選定は基本的には開放的だが、ある一定の

基準に満たす小売店のみを選択するやり方である。

　これまで見てきたように、流通チャネル戦略を策定するときには、チャネルの長さ（段階数）と幅（販売小売店数）をいかに設定するかが重要なポイントになる。配荷率を上げることは、とりわけ最寄品の場合、極めて重要な活動といえる。

　しかし、すべての小売店が同様の売上げを自社に対して上げてくれるわけではない。そこで販売活動においては効率性を考え、本書の第2章で述べた80対20の法則（パレート効果）が適用できないかを考えてみることも必要である。最近のメーカーの流通対策の重点が、対卸売業から対量販店に移ってきているのは、そうした現実への対応を示したものである。

4　プロモーション（コミュニケーション）戦略

　プロモーション戦略を構成する手段としては通常、広告、セールス・プロモーション、人的販売、パブリシティの4つがあげられる。本節では、その中から広告とセールス・プロモーションについて説明する。

（1）広告
　広告戦略は、マーケティング戦略のサブシステムという位置づけにあり、マーケティング戦略やひいては全社戦略ときちんと整合性が取られていなくてはならない。図5－10は広告計画立案プロセスをまとめたものである。
1）表現（クリエイティブ）戦略
　広告戦略は大きく分けて、伝えるべきメッセージと伝える手段としての媒体に関する考え方の2つが中心になる。その伝えるべきメッセージにかかわるものが表現戦略であり、われわれが普段見ているテレビCMや新聞の広告ページなどのコピーやグラフィックスの表現のことである。数え切れないほ

表5−2　日本の広告宣伝費上位10社ランキング（2001年度）

順位	会社名	広告宣伝費（億円）
1	トヨタ自動車	1023.5
2	本田技研工業	608.2
3	花王	512.9
4	KDDI	506.5
5	松下電器産業	481.8
6	日産自動車	459.9
7	サントリー	434.5
8	アサヒビール	409.1
9	高島屋	408.2
10	三菱自動車	392.0

出典：日経広告研究所『有力企業の広告宣伝費（平成14年版）』2002年。

ど多い広告の中で、ターゲットの記憶に残り、好感を持って受けとめられるものでなければならない。

2）媒体（メディア）戦略

　何をメッセージとして伝えるかという表現戦略とともに、広告コミュニケーションにおいて不可欠なのが、どうやってそのメッセージを伝えるかという媒体選択である。多種多様な特性を持つ媒体の中から適切なものを選び（もしくは組み合わせて）、自分たちのターゲットにいかに効率的にメッセージを届けるかがポイントになる。

　広告媒体は、大きくマス（マスコミ）媒体とSP関連媒体に分けられる。さらにマス媒体は、電波媒体と印刷媒体に分けられ、前者にはテレビとラジオ、後者には新聞と雑誌が含まれ、これを4マス媒体（メディア）と呼んでいる。一般的に広告キャンペーンの中心となる媒体である。それぞれの特性を整理したものが、表5−3である。

　マス媒体選択は、異なる特性を持った媒体をその広告目標に即して選択するわけであるが、通常は、それぞれの媒体を組み合わせて利用する。これも第1章で述べた「ミックス」の考え方がベースにある。

　一方、SP関連媒体には、屋外広告、交通広告、DM（ダイレクト・メール）、

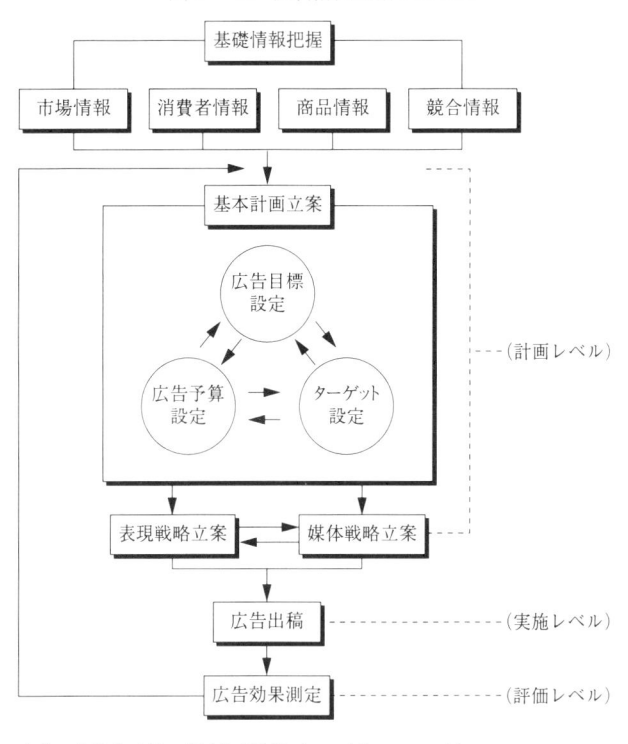

図5-10 広告計画立案プロセス

出典：小林太三郎、嶋村和恵監修（1997年）、59ページ。

折込広告などがある。これらの媒体の利用は、先のマス媒体の補完的コミュニケーションの役割を果たすだけでなく、これら独自でも限定された目的を果たすため、またその相対的コストの安さからその役割が期待されている。

広告が出稿された後は、その効果についての測定が行われる。とはいっても、視聴率や発行部数、閲読率などそれぞれの媒体によって到達率の指標が異なるうえ、到達効率も単純な量的評価だけでなく、質的な評価も行われる必要がある。

到達効果の量的評価については、リーチ（媒体到達率）、フリークエンシー（媒体接触回数）、GRP（延べ到達率＝リーチとフリークエンシーの積）がおもに使用される。また、コスト効率を見るための指標として、CPM

表 5-3　4 マス媒体の特性

	長　所	短　所
テレビ	・急速かつ広範囲に到達できる。 ・視聴覚に訴えられ印象が強い。 ・注目度が高い。 ・親近感が強い。	・絶対的媒体コストが高い。 ・伝えられる情報量が限られる。 ・CM制作費が高く、製作日数が長い。
ラジオ	・コストが低い。 ・ターゲットをセグメントしやすい。	・聴覚のみに訴え、テレビより注目度が低い。 ・ターゲットのカバレッジが狭い。
新　聞	・カバレッジが広い。 ・伝えられる情報量が多い。 ・タイムリーな広告が打てる。 ・安定的に固定読者に到達できる。	・メッセージが短命であり、雑誌に比べ反復性が低い。 ・同一紙面に他の広告との併載が避けがたい。 ・雑誌比べ印刷効果が低い。
雑　誌	・ターゲットをセグメントしやすい。 ・反復・回読率が多い。 ・印刷効果が高い。	・ページ数が多いため、見落とされる場合がある。 ・掲載までのリードタイムが長い。

（1,000世帯あるいは1,000人あたりの到達コスト）が媒体プランニングにおいて用いられる。

　4マス媒体のほか屋外広告、交通広告などは、広告会社を通してスペースなり時間なりを購入する。媒体の種類やビークル（朝日新聞とかフジテレビ、ニッポン放送、週刊文春といった個別のメディア）の選択の際は、広告主は広告会社から提出される媒体別の特性と広告ターゲットについての十分な資料と提案をベースに承認を行う。

（2）セールス・プロモーション（SP、販売促進）

　プロモーションが、先のマーケティング・ミックスを構成する4Pの1つとして広告、セールス・プロモーション、人的販売、パブリシティを含む広義の販売促進を示すのに対し、ここで取り上げるセールス・プロモーション（SP）は、狭義の意味での販売促進を意味する。

　では、SPとは具体的にどういった活動を指すのか。アメリカ・マーケティング協会（AMA）によれば、SPとは「消費者の購買やディーラーの効率を刺

激するマーケティング活動のうちで、人的販売、広告、パブリシティを除いたもの」となっている。ずいぶん大まかな定義だが、実際、SPには多種多様な活動が含まれている。

1） SPの目的

SPの目的は多岐にわたる。どういった局面でSPが用いられるか、代表的なものを整理してみたい。

①トライアル（試用）の促進：その製品の未使用者に無料で使ってもらうことで、その製品名や特長を知ってもらう。
②トライアル購入（試し買い）の促進：その製品の未使用者に、試し買いを動機づける。
③反復購入の促進：既存の顧客に対し、継続購買やまとめ買いを促す。
④流通関係者への支援：流通に対して当該製品の販売活動の支援を行うとともに、当該製品への支持を獲得する。
⑤広告活動との相乗効果：ブランドやサービスの認知、話題性を高める。
⑥店頭想起の促進：店頭で広告を思い出させる。
⑦陳列・品揃えの促進：売場の確保や陳列数を増やすことで陳列効果を上げる。

2） SPの種類

SPは、消費者向けと流通業者向けに大別することができる。消費者向けSPの代表的な例には、次のようなものがあげられる。

①サンプリング
②クーポン
③価格訴求パック
④プレミアム
⑤カタログ
⑥POP（Point of Purchase Advertising：購買時点広告）
⑦店頭デモンストレーション

⑧コンテスト
⑨イベント
⑩懸賞、など

　一般的に、SPは広告活動よりも早く売上げのボリュームを伸ばすことができる。その意味で短期的効果の高いマーケティング・ツールである。とりわけそれは、値引きやプレミアムなどの即効性の高い手段によって実現される。
　しかし一方で、SPは広告のようにどちらかといえば長期的にブランド・ロイヤルティを築くことが困難なだけでなく、場合によっては逆に製品イメージを損ないかねないことにも注意しておく必要がある。
　流通業者向けの販売促進は、卸や販売店の販売意欲を刺激するためのものである。たとえば、次のような活動が行われる。
①アロウワンス（各種協賛金）
②無料商品の提供
③値引き
④リベート
⑤陳列資材の供与
⑥製品発表会や展示会
⑦製品関連資料の配布
⑧報奨旅行
⑨販売コンテスト、など

（3）プロモーション予算の設定と法規制
　プロモーションにはさまざまな活動があり、またそれらを目的に沿ったかたちで上手にミックスさせることで、大きな成果を上げることができる。しかし、どんな企業にしても経営資源には限りがあり、仮に広告がヒットして新製品の認知率や売上げが上がっているからといって、無尽蔵に広告に投資し続ければいいというわけではない。

「わたしは広告の半分が無駄であることを知っている。問題なのは、それがどの半分かが分からないことだ」というある経営者の語った有名な言葉がある。企業は、適正なプロモーション予算額をどうやって設定しているのだろうか。

予算設定法には、次のような代表的な4つの方法がある。

1）支払可能額法

これは、単純にその企業がどれくらいの金額をプロモーションに割けるかという予算制約からはじき出される方法である。この決定法は、多くの場合、経営者の自由裁量に委ねられており、費用（プロモーション予算）と効果（売上高）の関連性が無視されている。これでは広告などの長期的成果を望む活動を計画的に進めるうえでの障害が発生する危険性がある。

2）売上高百分率法

売上実績や計画される売上高に対する一定比率をプロモーション予算に組み込むという考え方で、おそらくもっとも一般的に用いられている方法論であろう。金額を算出するのが簡単なうえ、経営トップの承認を得やすいメリットがある。また、マーケティング担当者がプロモーション・コストと製品ごとの販売数量、売上高、利益、それに販売価格の関係を意識的にとらえることができる。

また、基にする指標を予想売上高でなく、プロモーション費を控除する前の予想利益にする考え方もある。この方法は、競争環境が安定している場合で、なおかつそれを維持したい場合には適切な方法かもしれない。しかし、攻撃的なマーケティング・スタンスを取ることを阻害してしまう欠点がある。本来、売上げはプロモーションの成果としてあるはずなのだが、この場合には売上げがプロモーション活動の出発点になっているからだ。

3）競合企業対抗法

主要競合企業のプロモーション費用を基準に自社のプロモーション予算を

設定する方法。競合企業のプロモーション支出は、重要なマーケティング情報である。しかし、競合企業と自社では全社戦略やマーケティング戦略も異なるうえ、最適なマーケティング・ミックスは独自なものであることのほうが一般的である。競合相手のマーケティング・ミックスや予算配分が自社と比較してより適切であるという根拠はない。また、競合各社がプロモーションにかけている予算を推測し集計する際には、その算定法に注意を要する。

4）目標—タスク設定法

　この方法は、下から上に積み上げていく考え方である。マーケティング目標を基に、マーケターがかかる目標を達成するためにはどんなタスクが必要かを決め、それらに要求される個々の費用を算出し合算することで全体のプロモーション予算を設定する。

　アプローチは極めて合理的だが、それぞれのタスク実行にかかるコストの妥当性を判定するのが難しいということが指摘できる。さらにこの方法では、多くの場合、合計のプロモーション予算額が明らかに膨らみすぎる傾向にある。その結果、マーケティング担当者が申請した予算通り承認が下りることはまれであり、全体的に金額を縮小されたものがマネジメントから逆に与えられることになり、本来の目的から逸脱しかねないことに注意する必要がある。

（4）プロモーションと法的規制

　企業のマーケティング戦略の展開に欠かせないプロモーション戦略だが、実施するにあたって、守らなければならないいくつかの法規制があることも覚えておきたい。次に述べるものが、その代表的なものである。
①消費者保護基本法：消費者の利益の擁護および増進に関する対策の総合的推進を図り、これによって国民の消費生活の安定および向上を確保することを基本目的としている。
②不正競争防止法：取引倫理に反する行為に対する規則であり、事実誤認あるいは競争相手の信用の低下を発生させるような行為に対して規制を行う。

③不当景品類および不当表示防止法：不当表示や不当景品類による顧客の勧誘の防止を図るものであり、プロモーション活動にもっとも関連する法律の1つである。
④独禁法：公正かつ自由な競争の維持を目的とし、不当な取引制限や不公正な取引方法を禁止する法律。
⑤商標法：プロモーション活動に用いられる商標の保護にかかわる法律である。
⑥意匠法：広告等で用いられるデザイン（意匠）が法的に保護される場合、この法律の対象となる。
⑦著作権法：プロモーション活動に用いられる写真、文章、音楽、ロゴ・マークなどに関する著作権保護について定めた法律である。
⑧製造物責任（PL）法：製品・サービスの安全性および消費者被害の救済の観点から、企業活動の責任を問うものである。広告やプロモーションの不備、取扱説明の不備、警告表示の不備などが原因で消費者に被害が及んだ場合、この法律の規制対象になる。

そのほか、通常、各業界それぞれに規制が制定されている。プロモーション活動を実行するうえで、それらにも常に気を配っていたい。

5　4Pと4C

マーケティング活動の中心をなすマーケティング・ミックスについて、4Pという整理の枠組みで説明してきた。一方、近年ではこれら4つのPの考え方に対しては、製品・サービスを販売しようとしている供給者側の視点を基にまとめられたものであり、顧客側の視点ではないという批判もある。
　つまり、買い手が欲しいのは製品そのものというより、その製品がどれだけ自分に価値があるかということであり、あるいは自分自身にとっての問題解決の役に立つかが重要なのである。またコストについていえば、個別の製品の

値段よりも、入手から維持、さらには廃棄にいたるまでの総コストが重要になっている。流通チャネルに関しては、取扱店が全国に何万店あるかということより、自分がその製品を欲しいと思ったときにどれだけ容易に手にできるかがポイントになる。最後に、プロモーションは企業側が自分たちの目標を実現するために行っている活動であり、顧客が自分たちに好ましいと考えているのは双方向のコミュニケーションではないかと考えられはしないだろうか。

こうした顧客サイドの発想から、4Pは次のような4Cと読み換えることができる[6]。

4P：
製品（Product）
価格（Price）
流通チャネル（Place）
プロモーション（Promotion）

4C：
顧客にとっての価値（Customer Value）
顧客の負担（Cost to the Customer）
入手の容易性（Convenience）
コミュニケーション（Communication）

ただし、4Pか4Cかというのは、同じものをながめる視点の違いにすぎない。企業としては、マーケティングを考える際に、どこかで4Cの視点を通過させることで、より市場に適合できるマーケティング戦略やマーケティング・プランを作成することができるだろう。

練習課題

1　新製品の展開方法（革新的な新製品、新製品ライン、製品の改良、製品ラインの拡張、リポジショニング、模倣的製品）の例を考えてみよう。
2　製品やサービスの価格はどのように設定されるのか。
3　卸売業や小売業の流通チャネルとしての役割にはどういったものがあるか。
4　企業にとっての「効果的な広告」の評価基準を考えてみよう。

注

1　E. Jerome McCarthy (1996), Basic Marketing: A Managerial Approach (12th ed.), Irwin.
2　コトラーほか（1995年）、315〜316ページ。
3　ブランドとは「焼き印を押すこと」を意味するbrandrという古ノルド語から派生している。
4　「魚沼産のコシヒカリ」「関さば」のように、典型的なコモディティである第一次産品ですらブランドが果たす役割が大きくなっている。
5　ケラー（2000年）、44ページ。
6　Robert Lauterborn (1990), "New Marketing Litany: 4P's Passe; C-Words Take Over," Advertising Age, October 1.

第6章　データベース・マーケティング

―― エッセンス ――

- マーケティングは、マス・マーケティングからセグメンテッド・マーケティングへ移り変わり、さらにテクノロジーの進化などを背景に、顧客1人ひとりを1つの市場ととらえるワン・トゥ・ワン・マーケティングの発想が登場した。
- ワン・トゥ・ワン・マーケティングの基本原理は、顧客との関係性を重視したリレーションシップ・マーケティングであり、そのための具体的な手法がデータベースをマーケティングに効果的に活用しようとするデータベース・マーケティングである。
- 成熟化社会にあって、企業の焦点は市場シェアから顧客シェアへと転換されつつある。
- データベース・マーケティングの目的は、顧客のLTV（生涯価値）を最大化することである。LTVは、NPV（正味現在価値）の計算手法を用いて換算された、企業が顧客を維持することで将来もたらされる利益の現在における価値である。
- 顧客データベースを備えた企業が、顧客の収益性を識別する基準の1つに、リーセンシー（直近購買日）、フリークエンシー（購買頻度）、マネタリー（購買金額）を基にしたRFM分析がある。

1 データベース・マーケティングとは

(1) データベース・マーケティングの起こり

　データベース・マーケティングの歴史は、米国の通販会社から始まった。ダイレクト・メール（DM）を発送するためには、既存顧客の名前や住所を記録することや、見込み客の名前や住所などの情報を収集する必要があった。さらには、次回のDMのレスポンス率を高めるために、前回のDMで、誰が、いつ、どのように反応したのかという情報をきちんと整理、管理することが求められた。その当時は、まだデータベース・マーケティングという言葉はなく、そのような顧客情報の管理は手作業による入力、計算によるものだった。

　コンピュータの世界でデータベースという言葉が使われるようになったのは1960年代である。その後、マーケティングの分野においてデータベースの活用が一般的になったのは1970年代から80年代初めだといわれている[1]。その後、情報技術の発展と呼応してデータベースのマーケティング利用はますます拡大し、さらに企業のビジネスや顧客に対する考えの変化に伴い、いまでは不可欠なマーケティング活動の1つになっているとさえいえる。

(2) マス・マーケティングの見直し

この何十年もの間、わが国のマーケティングの根底をなしてきたものは、マス・プロダクションを基にしたマス・マーケティングだった。このパラダイムは、国民の消費活動の拡大、生産効率の急激な向上、強力な影響力を持つマス・メディアの台頭とそれらのわれわれの生活への普及などをベースにして確固とした成功を収めた。その後、消費者のニーズの多様化に適応するように、市場をセグメンテーションするマーケティングが一般的になる。企業はより狭い範囲の顧客グループを対象に、いかに競争相手より自社の製品やサービスを上手にフィットさせるか、ポジショニングの考えなどを用いながら競ってきた。しかし、こうしたセグメンテッド・マーケティングも、実の

ところ基本的な発想はマス・マーケティングと変わりはなく、その違いは市場の定義が小さくなったということにしかなかった。

ところが、テクノロジーの進歩に伴って顧客1人ひとりの特徴やニーズを企業が知ることができるようになった。1人ひとりの顧客を識別して、それぞれを市場ととらえ、個別にカスタマイズした製品やサービスを提供することができるようになったのである。このようなマーケティングをワン・トゥ・ワン・マーケティングと呼んでいる。どんな魚がどれだけいるかよく分からないまま、とにかく魚がいそうな所にあたりをつけて網を投げるやり方に対し、狙いをつけた獲物を一本釣りしようという手法である。その狙いは、優良顧客に最適な製品とサービスを最適な手段で提供することによって、彼らのなかに高いレベルの顧客満足を実現し、顧客のロイヤルティを向上させることでできるだけ長期的な関係（リレーションシップ）を築こうとするものである。

こうしたリレーションシップ・マーケティングを展開するうえで欠かすことができないマーケティングのアプローチが、データベース・マーケティングなのである。データベースを活用することで、何十万、何百万人という顧客との個別のリレーションシップを構築、維持することが可能になる。

表6-1　マス・マーケティングとワン・トゥ・ワン・マーケティング

マス・マーケティング	ワン・トゥ・ワン・マーケティング
平均的顧客	個別顧客
顧客の匿名性	顧客プロフィール
製品の差別化	顧客の差別化
大量生産	カスタマイズ生産
マス広告	個別メッセージ
マス・プロモーション	個別インセンティブ
一方向メッセージ	双方向メッセージ
規模の経済性	範囲の経済性
市場シェア	顧客シェア
全顧客	収益性の高い顧客

出典：ペパーズ＆ロジャーズ（1995年）をもとに作成。

（3）データベースの位置づけ

　データベース・マーケティングを実施するうえで欠かせないものが、顧客データベースである。顧客データベースとは、個別の顧客や見込み客に関するデータを体系的に収集しまとめたものであり、企業内でリード（見込み客のリスト）を作成したり、それらの判別を行ったり、さらに製品やサービスの販売、顧客との関係づくりに利用される。データベース・マーケティングでは、顧客データベースを中心にその他のデータベース（たとえば製品や供給業者、中間流通業者に関するもの）を活用することで、顧客の獲得、維持、開発を効率的に実施していくことが目的とされる。

　ただし、顧客対象のメーリング・リストとデータベースを同様のものとしてとらえてはいけない。顧客メーリング・リストは、その名の通り、DMなどを送付するために名前や住所、年齢といった顧客の人口統計上の属性（デモグラフィックス）を集めてデータ化したものにすぎない。一方、データベースに取り込まれる情報には、顧客のそうした属性情報はもちろんのこと、個々の顧客からの問い合わせや購入に関するすべての履歴、また趣味や関心事といった心理的属性（サイコグラフィックス）までが含まれる。

2　顧客の生涯価値（LTV）

（1）顧客の生涯価値とは

　顧客の生涯価値（LTV: Lifetime Value）とは、新規に顧客を獲得し、自社の顧客として維持しておくことで将来のある一定期間内において企業が得ることが期待できる利益の正味現在価値（NPV: Net Present Value）を示す。

　いま手元にある1万円は、1年後の1万円とは価値が異なる。たとえば債権に投資するとして、年5％の利回りが期待できるとすれば、手元にある1万円の1年後の価値は1万700円である。つまりこの場合であれば、現在の1万円と1年後の1万500円が等価であると判断される。このように、将来

において発生する利益を現時点での利益に換算し直したものが正味現在価値である。

スウェルは自動車ディーラーのオーナー社長としての自らの経験から、顧客の潜在的「生涯価値」は30万ドルを超えると見積もっている[2]。この金額は、新規の顧客が生涯を通じて購入するだろうクルマの台数に平均価格を掛け、さらにディーラーとして提供する有料サービスの代金を加えたものである。一人の新規顧客をいかに満足させ、末永くつなぎ止めておくことが、いかに大きな利益をビジネスにもたらしてくれるかが分かるだろう。データベース・マーケティングの目的は、顧客シェアを高めることであり、そのことは顧客の生涯価値を最大化することなのである。

（2）顧客の生涯価値の計算例

データベース・マーケティングを展開する際、そうした顧客の生涯価値（LTV）は、どうやって計算されるのか。顧客の生涯価値の計算方法にはいくつかのものがあるが、ここでは代表的なものとしてヒューズが紹介している計算方法を紹介したい[3]。表6－2は、リッジウェイという婦人服の店をケースにしたものである。この表では、リッジウェイが初年度に1,000人の

表6－2　LTV表（オリジナル）

	1年目	2年目	3年目	4年目	5年目
顧客数（人）	1,000	400	180	90	50
顧客維持率（％）	40	45	50	55	60
平均購入額	$150	$150	$150	$150	$150
売上高	$150,000	$60,000	$27,000	$13,500	$7,500
原価率（％）	50	50	50	50	50
商品原価	$75,000	$30,000	$13,500	$6,750	$3,750
粗利益	$75,000	$30,000	$13,500	$6,750	$3,750
割引率（％）	1	1.2	1.44	1.73	2.07
現在価値	$75,000	$25,000	$9,375	$3,902	$1,812
累積LTV	$75,000	$100,000	$109,375	$113,277	$115,088
一人あたりLTV	$75.00	$100.00	$109.38	$113.28	$115.09

出典：ヒューズ（1999年）、65ページをもとに作成。

新規顧客を獲得してから、その顧客グループを5年間にわたって見ている。すべての顧客には会員制のクレジットカードが発行され、それによって顧客の購買行動は追跡され、収集されたデータはデータベースで管理された。期間を通じて、原価率が50％、平均購入額が150ドル、割引率が20％という前提である。

　初年度1,000人だった顧客は、次のような計算で残っていく仮定である。2年目の顧客数は初年度の顧客維持率が40％なので、400人（1,000×0.4）になる。同様に3年目は顧客維持率が45％なので、残った2年目の400人に45％を掛け合わせ、180人になる。4年目、5年目も同じように計算する。表の最終行の新規顧客1人あたりLTVが、この表のもっとも重要な数値である。この指標が、マーケティング戦略全体を策定するのに用いられる。

　LTV表の作成は、データベース・マーケティングを実施するための基礎的な段階であり、次のステップとして、この表を用いてマーケティング・アイデアをテストすることが考えられる。データベースの活用は、以下のような側面でビジネスに影響を与えることが期待できる。

①データベースを適切に用いて顧客との関係を構築することでロイヤルティを向上させ、顧客の維持率を高めることができる。

②データベースの活用によって、既存顧客が自社の製品やサービスを友人などに勧めてくれるよう働きかけることができる。

③顧客のクロス・セリングやアップ・セリングなどが期待でき、結果として売上げの増大につながる。

④データベースを上手に活用することで、マーケティング・コミュニケーションや流通の仕方をより効率的に変更でき、コストを削減することができる。

　ここで、リッジウェイが顧客に対して紹介キャンペーンを実施すると仮定する。まずは、当初の1,000人の顧客に対してキャンペーンを案内するパーソナルなDMが送られるわけである。その内容は魅力的で、DMをもらった者に共感を抱かせ、ぜひ来店させたくなるようなオファーが盛り込まれ

ていたとしよう。その際にリッジウェイが想定した前提は次のようなものである。

① 新規客の紹介率は5％。
② 顧客維持率は50％に向上。
③ 顧客の平均購入額は180ドルに増加。
④ データベースの運用コストが1人あたり10ドル発生する。

このような前提で試算した顧客のLTVが、図表6－3に示されている。
結果、顧客1人あたりのLTVは、初年度＝80ドル、2年目＝121.25ドル、3

表6－3　LTV表（データベース・マーケティング効果による）

	1年目	2年目	3年目	4年目	5年目
紹介率（％）	5	5	5	5	5
紹介された顧客数（人）		50	28	17	11
顧客総数（人）	1,000	550	331	216	151
顧客維持率（％）	50	55	60	65	70
平均購入額	$180	$200	$220	$240	$260
売上高85	$180,000	$110,000	$72,820	$51,840	$39,260
原価率（％）	50	50	50	50	50
商品原価	$90,000	$55,000	$36,410	$25,920	$19,630
データベース運用コスト	$10,000	$5,500	$3,310	$2,160	$1,510
総経費	$100,000	$60,500	$39,720	$28,080	$21,140
粗利益	$80,000	$49,500	$33,100	$23,760	$18,120
割引率（％）	1	1.2	1.44	1.73	2.07
現在価値	$80,000	$41,250	$22,986	$13,734	$8,754
累積LTV	$80,000	$121,250	$144,236	$157,970	$166,724
一人あたりLTV	$80.00	$121.25	$144.24	$157.97	$166.72

出典：ヒューズ（1999年）、69ページをもとに作成。

表6－4　データベース・マーケティングによるLTVの増加

	1年目	2年目	3年目	4年目	5年目
データベース活用せず	75.00	100.00	109.38	113.28	115.09
データベース活用	80.00	121.25	144.24	157.97	166.72
増加額	5.00	21.25	34.86	44.69	51.63

出典：ヒューズ（1999年）、72ページをもとに作成。

年目＝144.24ドル、4年目＝157.97ドル、5年目＝166.72ドルが期待できると想定される。表7－4は、データベース・マーケティングを展開しなかった場合と展開した場合の格差がどのくらいになるかまとめたものである。

この店（リッジウェイ）が20万人の顧客を持つ小売店だとしたら、今回のデータベース・マーケティングの展開で、向こう5年間に1,000万ドル以上（51.63ドル×200,000＝10,326,000ドル）の利益を増大させることができると予測できる。

3 RFM分析

（1）RFM分析の意義

データベース・マーケティングの目的は、顧客の生涯価値をいかに最大化するかにあるわけだが、企業にとってはすべての顧客が同様に重要なわけではない。同じ1人でも、多額の購入を頻繁にしてくれる顧客もいれば、たまたま一度買っただけで二度と来店しそうもない顧客もいる。前者の顧客（優良顧客）に対しては、企業はさまざまなサービスを提供するなどある程度のコストがかかってもその顧客を何とか自社につなぎ留めておこうと努力するだろう。一方、後者の顧客グループに関しては、わざわざコストをかけて付加的なサービスを提供するのは合理的ではないと判断するに違いない。レスポンスのない顧客にいつまでも変わりばえのしないDMを打ち続けることは、販促費の無駄なのだ。

顧客データベースを備えた企業が、顧客の収益性を識別する基準が、リーセンシー（Recency：直近購買日）、フリークエンシー（Frequency：購買頻度）、マネタリー（Monetary：購買金額）である。これら3つの基準を用いた顧客の分析を、それらの頭文字からRFM分析と呼んでいる。

RFM分析は、米国の大手通信販売業者が収益性を改善するために行ったのが始まりである。大量の部数のカタログを製作し、発送するには多額のコス

トが発生する。そこで、より効率的なカタログ発送を行うために、それまでに蓄積した顧客の購買行動に関するデータを基に、①このところ買い物をしていない顧客、②まれにしか買い物をしていない顧客、③わずかしか買っていない顧客をその発送先リストから外すことで、効率性を高めたのである。

（2）RFM分析の利用

　RFM分析とは、顧客データベースの記録を基に、誰が最近購入した顧客か、誰がもっとも頻繁に購入する顧客か、そして誰がもっとも高額な購入者なのかを分析し把握するためのものである。これは後述する顧客プロファイリングの1つの手法である。

　ヒューズは、3つの基準のなかでもリーセンシーがもっとも役に立つと指摘している[4]。自社の製品をごく最近購入してくれた人は、何カ月か前に購入した人に比べてはるかに再購買の可能性が高いと考えられる。顧客の関心がその製品や企業に対して高まっているので、適切な刺激を与えることで他の製品を購入してくれやすいのである。

　最近いつ購入したかというデータは、次のようにそのタイミングごとに5段階に分けられ（コーディングされ）、それぞれに応じたスコアを与えられる。

　　R5：3カ月以内の購入　　（20点）
　　R4：6カ月以内の購入　　（10点）
　　R3：9カ月以内の購入　　（5点）
　　R2：12カ月以内の購入　　（3点）
　　R1：24カ月以内の購入　　（1点）

　2番目の指標であるフリークエンシーは、顧客がこれまで購買を行った回数を示す。ここでも5段階の評価が行われ、スコアの高い順にF5からF1までランクづけがなされる。ランクの高い（F5）顧客は、低い顧客に比べてプロモーションへの反応してくれる率が高いことが実証されている。またそのランクに合わせて特典を与えることで、顧客の購入頻度を高めるといったプロモーション

にも活用できる。ただし、初回の顧客は常にF1ランクであり、顧客としてのポテンシャリティはリーセンシーと組み合わせて分析する必要がある。

3番目の指標であるマネタリーは、顧客がデータベースに登録されてからこれまで、のべでどれだけ購入してくれているかを計算したものである。金額の高い順にM5からM1までランクがつけられる。

このように3つの評価基準を用いた結果、顧客は125（5×5×5）のセグメントに分類される。そして、DMなどのプロモーションに際しては、まずサンプルを抽出しテストを行い、125のセグメントごとにレスポンス率を計算したうえで無駄のないプロモーション計画を立案することが求められる。

（3）RFM分析の注意点

RFM分析は単純な構図でありながら、顧客を特徴づけるために有効な優れた手法である。また、顧客ライフサイクルを推定するのに役立つなど、予測力に優れている。一方で、次のようないくつかの欠点も指摘されている[5]。
① 製品に対する親近感や顧客のデモグラフィックな特性を容易に組み込むことができない。
② 購買頻度が低い商品については予測力が極めて落ちるために、それほど有効ではない。
③ RFM分析は、ある顧客の「参照価値」を無視していると指摘される。このことは、顧客がその購買によって他の顧客から好意的ないし否定的な影響を受けるときに当てはまる。

4 データベース・マーケティングの機能

データベース・マーケティングが近年多くの企業で活用されている理由としては、次のようなものをあげることができる。

（1）顧客のロイヤルティ向上

　ライクヘルドによれば、顧客が自社から離れていく率を5％改善するだけで、個々の業種の特性にもよるが、利益率は35％から95％も向上するという[6]。それでは、そうした顧客の離脱率を下げるためには、どのようなことが必要になるのだろうか。企業は個々の顧客に適した景品やサービスを提供するなど、パーソナルな対応で顧客の好意を得ることができるが、顧客のロイヤルティを高めるために採用されている代表的な手法としては、フリークエンシー・プログラムと呼ばれているものをあげることができる。フリークエンシー・プログラムの根底には、自社への利益貢献度が高い顧客ほど大切なお客さまであり、彼らにほかより手厚いインセンティブ（誘因、報奨）を提供することが効果的なマーケティングであり、かつ公平に報いることだとの考えがある。

　ちなみに、フリークエンシー・プログラムは、1981年にアメリカン航空（AA）がフリークエント・フライヤーズ・プログラム（マイレージ・プログラム）として導入したのが始まりで、その後、ホテル業界やクレジットカード業界、流通業界などでも導入され、日本では1992年に航空会社から導入された。これらは、優良顧客の囲い込みを目的とした販売促進上のプログラムであり、ポイント制度、ロイヤルティ・プログラムとも呼ばれている。

　購買金額の多い顧客をその度合いに応じて特別に扱い、より以上の利益獲得へ活かそうという商売の考え方は昔からあった。顧客の買い物金額に応じてスタンプを押したり、シールを貼ったりする販売促進策をこれまでも多くの小売店が実施していた。しかし、対象顧客が何十万人、何百万人であろうと即座にデータ入力が可能であり、またその次点での利用状況を検索して知ることができ、さらにはDMなどを用いて個別のメッセージでパーソナライズしたコミュニケーションが実行できるようになったのは近年の技術の進歩があったからである。

（2）　既存顧客の購買額の増加

　顧客の生涯価値を上げるもっとも重要な施策の1つが、既存の顧客1人あ

たりから期待できる売上げや利益を最大化する考え方である。そのための第1の方法は、クロスセリングである。これは、顧客がすでに利用中の商品やサービスに加えて関連する、他のサービスや商品を販売促進することを指す。たとえば、金融機関が普通預金と定期預金を持っている顧客に、外貨預金や投資信託といった他の金融商品を売ることや、パソコンを購入した顧客にプリンターやスキャナーを勧めることなどである。既存顧客に対してクロスセリングを働きかけることで、新規顧客への販売に比べて少ない費用で収益増を確保することが期待できる。すなわち効率的な販売がかなえられるメリットがある。また、より多くのリレーションシップを顧客との間に築くことで、顧客の離反を防止することも期待できるのである。

2番目の方法は、より価格の高い商品や付加価値の高い商品を販売する方法であるアップセリングである。自動車ディーラーが、顧客の乗っているクルマの履歴を基にタイミングよく上級車種への買い替えを促進するなどがその例である。アップセリングもクロスセリングも、精度の高い顧客情報および購買履歴情報と同時に、商品情報などのデータベースの整備によって初めて実現可能になる。

3番目の方法は、顧客シェアを上げることである。年に10回、海外出張に行く顧客がいれば、航空会社はその10回すべてを自分のフライトに乗せたいと願うだろう。複数のクレジットカードを持っている人を対象に、カード会社はすべてのカードでの買い物を自社カードで決済してほしいと考えているに違いない。顧客シェアを上げるとは、このように競合他社の商品やサービスに使われているかもしれない顧客の金をできる限り自社へ集中してもらうように働きかけることである。

そのためには、顧客が年に何回海外に出張するかとか、1年間でどのくらいの金額の買い物をするかを調べなければならない。年間利用回数が多い優良顧客を対象にアンケートを行うなどして、彼らがその目的で用いる金額規模を推定したうえでモデルを作り、企業から見たすべての顧客の期待度（財布の中身の大きさ）を推測する。期待度が大きいにもかかわらず、現状では

売上げがさほどではない顧客を対象に集中的にアプローチすることで効率的なリターンを得ることができる。

（3） 見込み客の特定

新規に顧客を獲得する際には、自分たちにとっての優良顧客のプロファイルを基にして、同様のプロファイルを持った見込み客に対して働きかける。見込み客リストの作成法としては、まず自社の優良顧客がよく接触しているマス媒体（テレビ、ラジオ、新聞、雑誌）の広告やインターネットなどを用いて、自社の製品やサービスに関心のある人たちからのレスポンスを集めることがあげられる。これらのレスポンス・データは企業によって分類され、職業、年収レベル、年齢、性別などから有望な見込み客が特定され、さらにDMや電話などを用いたコミュニケーションによって顧客になってもらえるよう働きかける。

また、クレジットカードや百貨店のカード会員であれば、彼らの年齢や職業といった人口統計的データに加えて、購買行動履歴を知ることができる。このようなリストを用いて（あるいはレンタルして）通販を働きかけたり、来店を促したりすることができる。またそれ以外にも、特定の目的に合わせて、データベースのレンタルをビジネスとしている会社から見込み客リストを入手することがある。理想的には、このような外部の顧客データベースや自社データベースをいくつか重ね合わせることで、最適な見込み顧客を判別することが求められる。

（4） 効率的なマーケティング投資の実現

理論的には、顧客の1人ひとりにふさわしい「ワン・トゥ・ワン」のマーケティング・コミュニケーションを実行することで、顧客の満足度を上げるとともに、企業にとっての顧客生涯価値を高めることができるはずである。しかし現実には、データベースに何百万もの顧客が納められていた場合、それらに対してすべて個別のオファーを構成することは容易なことではない。

そもそもデータベース・マーケティングは効率性を重視するマーケティングである。そこで必要とされる手法が、顧客を似たような趣味や関心、購買行動を持つセグメントに分割するためのプロファイリングである。そして、この顧客プロファイリングを基にオファーが決定される。

顧客プロファイリングの代表的なものは前節で紹介したRFM分析であるが、以下のプロファイリング手法は、それ以外（RFM分析が用いられない場合）の方法をヒューズの説明を基にまとめたものである[7]。

1）商品購買パターンによるプロファイリング

顧客が購入している商品、購買の頻度、購買日などを分析することで、顧客のグルーピングを行う。赤ちゃんのおむつとベビーフードを購入している顧客グループには、ベビー服や赤ちゃん用のおもちゃ、乳母車などを勧めることが得策であるということは容易に想像できるだろう。

表6－5は、商品Aと商品Bの購入をクロス表にしたものである。ここからは、商品Aの購入者は商品Aの非購入者より10倍以上の確率で商品Bを購入してくれることが期待できる（31.53÷3.01=10.5）。当然、クロス購買率を求めるこのような計算はコンピュータ上で行われ、ある商品の購入者が他の商品の購入者になる確率を示した商品相関マトリックスが作成される（表6－6）。この場合であれば、商品Bを販売促進するとしたら、まだ該当商品Bを未購入のグループの中から、商品Aや商品Cの購入経験がある人を選ぶ方が、商品Dの購入者に向けてアプローチするより販売に結びつく確率が高いこと

表6－5　商品Aと商品Bのクロス購買表（単位：人）

| | | 商品B || 合計 |
		非購入	購入	
商品A	非購入	268,431 96.99%	8,328 3.01%	276,759 100.00%
	購入	27,023 68.47%	12,444 31.53%	39,467 100.00%
合計		295,454 93.43%	20,722 6.57%	316,226 100.00%

出典：ヒューズ（1999年）、136ページをもとに作成。

表6-6 商品相関マトリックス

	商品A	商品B	商品C	商品D
商品A	—	10.50	2.40	4.50
商品B	10.50	—	9.00	1.10
商品C	2.40	9.00	—	3.00
商品D	4.50	1.10	3.00	—

出典：ヒューズ（1999年）、136ページをもとに作成。

が推測される。

2) デモグラフィックス（人口統計情報）によるプロファイリング

　プロファイリングを行うために用いられる変数は、顧客の行動とデモグラフィックスである。顧客の行動とは、顧客の購買回数、購入金額、顧客の維持期間、購入パターンなどであり、RFM分析の基になるものである。

　一方、デモグラフィックスに関する情報としては、年齢、性別、既婚か未婚か、職業、家族構成、収入、持ち家か否か、学歴などさまざまな個々の顧客の属性が含まれる。こうしたデータベースは、企業が行うアンケートや懸賞、テレマーケティング、広告やプロモーションに連動した問い合わせ、社内の営業マンからの情報、さらには外部から入手した顧客データなどをまとめ上げて作成される。

　前述したように顧客データベースの考え方と顧客のメーリング・リストは異なる。大量な顧客のデモグラフィック情報を収集、記録してもそれだけではデータベース・マーケティングとは呼べない。顧客データの一部を基に情報（たとえば特別なオファー）を付加してテストを行い、顧客のデモグラフィックスと売上げ、収益性、レスポンス率などの間に相関関係があるかどうかを調べてみることが大切である。

3) ライフスタイルによるプロファイリング

　仮に年齢や性別、家族構成、所得などが同じでも、人々の生活は、その消費生活を含めてそれぞれ多様である。そこで、デモグラフィックスの分類を

さらに進めて、趣味や関心事、性格、価値観などの心理的な要因を加えて考えてみると有効な場合がある。

ある企業が、自社の商品を販売するためのDMを100万世帯へ送ろうと計画した。そして、100万世帯へ向けた実際のプロモーションを行う前に、2万5,000世帯を対象にテストを行った結果が表6-7である。2万5,000サンプルが7つのライフスタイル・コードによって分類されている。トータルでのレスポンス率は1.6%であった。この割合を基に経費計算をしたところ、収益はマイナスだった。この企業は、今回のプロモーション計画を取りやめるべきなのだろうか。表6-7からは、アスレチック（スポーツ好き）、ブルーチップ（高級好み）、カルチュラル（インテリ層）が全体のレスポンス率の足を引っ張っていることが分かる。これらのグループを対象から外したならば、レスポンス率は2.63％になり、1％以上向上することが理論的に期待できる。トータルコストを基に再度、経済性の分析をしてみるべきだろう。

ライフスタイルに基づくプロファイリングを実施する際の最大の課題は、どのようなライフスタイルグループを構成するか、顧客をいかなる基準で振り分けるかである。データベース・マーケティングの先進国である米国では、データベース・マーケティング専門の企業によるライフスタイルのコード化がすでに行われており、またそうした外部の企業に自社のデータベースを基

表6-7　ライフスタイル・プロファイリングをもとにしたテストの結果

ライフスタイル名	DM発送構成比	DM発送数	レスポンス数	レスポンス率	レスポンス指数
アスレチック	32.00%	8,000	40	0.50%	31
ブルーチップ	8.00%	2,000	6	0.30%	17
カルチュラル	8.00%	2,000	12	0.60%	38
DIY	20.00%	5,000	90	1.80%	113
ドメスティック	3.60%	900	30	3.33%	208
フィットネス	24.00%	6,000	198	3.30%	206
グッドライフ	4.40%	1,100	24	2.18%	136
合計	100.00%	25,000	400	1.60%	100

出典：ヒューズ（1999年）、152ページをもとに作成。

にコード化を依頼することができる。一方でわが国では、そうしたサービス並びにライススタイルでコーディングされた顧客データの整備はまだ遅れているといわざるを得ない。

しかし、いずれにせよ、顧客が欲しがってもいない商品のカタログを送付することや、電話によるプロモーションを行うことは、効率的なマーケティングとはかけ離れた活動であるだけでなく、顧客にとっての企業の価値を低減させる結果につながることになる。データと経験を基にテストを重ねることで、自分たちが費用をかけてでもアプローチすべき顧客グループを見つけ出していく試みが大切である。

4）ジオグラフィックス（地理情報）によるプロファイリング

先に述べたもの以外に、地理情報を基にしたプロファイリングがある。これは、地図情報システム（**GIS: Geographic Information System**）を利用した手法であり、エリアマーケティングを実施する際の強力な支援ツールとなる。地図情報システムでは地図データ（道路や建物など）、ポイントデータ（自社や競合の店舗、顧客の所在地など）、統計データ（国勢調査、商業統計など）を重ね合わせることで、パソコン上で視覚的に市場の状況を理解することができる。顧客を地理的側面から管理するだけでなく、地図上にマッピングされた顧客の集中度から地域別のプロモーション手法を適切に選択することや、新規店舗の出店可能地域を選び出すことなどに用いられる。

5　データベース・マーケティングの課題

ヒューズは、データベース・マーケティングが成立するためには、対象商品について次のような必要条件があると述べている[8]。それらは、

① データベースを駆使するに足りるだけの十分な利益を獲得できる商品であり、顧客との親密な関係を築くことによって顧客の生涯価値を高めること

ができること。
②顧客との接触を通じて、顧客を容易に確認することができる商品であること。
③かなりの正確さで、反復的な購入が予想される商品であること。
④顧客が一般的に大きな関心を持っている商品であること。

確かに、これらを逆から解釈すれば、利益の獲得可能性が低いもの、顧客の購入確認が容易でないもの、一度購入された後、次の購入まで長い期間を要するもの、顧客にとって関与度が低いものはデータベース・マーケティングを効率的に実施するうえで困難を伴うということがいえる。

練習課題

1　データベース・マーケティングが、多くの企業で積極的に活用されている理由を考えてみよう。

2　企業は、新規顧客を獲得することと、その顧客を維持することのどちらにより努力を傾けるべきか。またその理由を述べよ。

3　顧客生涯価値（LTV）のコンセプトは、すべてのビジネスに有効とは限らない。LTVの適応性が低い例としては、どういった製品やサービスがあるか考えてみよう。

注
1　ルディー（2000）、23ページ。
2　スウェル（1991）、27ページ。
3　ヒューズ（1999）、65〜72ページ。
4　ヒューズ（1999）、111ページ。
5　ブラットバーグほか（2002）、102ページ。
6　ライクヘルド（1998）。
7　ヒューズ（1999）、135〜161ページ。
8　ヒューズ（1999）。

第7章　企業組織とマーケティング

エッセンス

・マーケティング活動の実施に際しては、内部的な課題や対立がしばしば大きな障害となっている。
・実務のうえで役に立つマーケティング・プランの作成は、社内の各部門との調整やコンセンサスを経てまとめられる。
・組織において優れたマーケティングが実施されるためには、トップ・マネジメントのマーケティングに対する理解が不可欠である。
・効率的なマーケティング・プラン作成のためには、そのための「プラン」が必要である。

1 マーケティング活動の実践

　本書では、これまでマーケティング活動の全体像を概観してきた。みなさんが恐らく感じた通り、マーケティング活動の背景にある理屈やコンセプトと呼ばれているものは、決して難しいものではない。どれも当たり前のものといえるだろう。

　しかし、いざ実践するとなると、なかなか厄介なのが現実のマーケティング活動である。これは、実務に携わる多くのマーケティング担当者が口を揃えて述べているところである。

　その理由としては、どちらかというと個別のマーケティング・テクニックによるものよりも、むしろ、組織の内部的な課題や対立がたくさん存在しており、理屈通りにはいかない現場の状況を指摘することができる。

　マーケティングの実践が容易ではないその代表的な理由としては、次のような点をあげることができるだろう。

①組織内において、「マーケティング」がきちんと理解されていない。
②マーケティング・プランがない。
③マーケティング機能に必要なだけの経営資源が投入されない。
④マーケティング部門と他部門との意思統一ができていない。
⑤マーケターの教育、開発が行われていない。
⑥企業内の全社戦略とマーケティング戦略が統合されていない。

2 マーケティング実行上の課題

　建物を建てるときには建築家によって設計図面がひかれ、建築・施工にかかわる各専門業者はその図面を基に個々の作業を進めていく。マーケティング活動にもよく似たところがある。そして、そのための設計図面に当たるも

のがマーケティング・プランである。

　本書では、マーケティング・プランニングの重要性を繰り返し述べてきた。効果的なマーケティング・プランは、ただマーケティング担当者が勝手に作り上げたものではなく、社内の各部門との調整、合意を経てまとめられる。マーケティング・プランは、企業として「役に立つ」ものとして作成されなければならないからだ。

　そして、どんなプランも、上手に実行されて初めて意味のあるものになる。マーケティング・プランが、その実施に際してしばしば遭遇する問題は、どういった時に発生するのか、いくつか代表的な例をあげたい。

　第1点目は、トップ・マネジメントの支援を受けられていない場合である。トップ・マネジメントがマーケティングの役割を重視しない企業で、誰がマーケティングを真剣に考えるだろうか。また、事業部制がひかれている組織で、マーケティング担当者が利益責任を負っていない場合、つまりラインに対する権限を持ち得ない場合もしばしば同様のケースが生じる。

　マーケティング思考が希薄な組織では、たとえば損益計算書上の今期利益に最大の関心を示すファイナンス部門のマネジャーの発言が、マーケティング・マネジャーの中長期的戦略より傾聴されることだろう。同様に、マーケティングを不要なテレビ広告といった無価値なものと見なし、製品の品質さえ良くすればものが売れると考えている技術部門に軍配が上がるような場合もある。

　第2点目は、プランニングに関するプランがない場合である。それぞれの組織に合ったマーケティング・プランを効率的に構築しようと思えば、試行錯誤を含め3年程度はかかる。そして、プランニングのためのプランを構築する際には、マーケティング担当者は、次のようなポイントについて考慮しておく必要がある。

① なぜマーケティング・プランニングが必要かをどうやって伝えるか。
② トップ・マネジメントの支援と同意をいかに取りつけるか。
③ マーケティング・プランニングの効果と有用性を経営者や関連部門に納

得させるために、どういった部分から着手すべきか。
④　関連部門のマネジャーを対象に、マーケティング・プランニングに関する研修プログラムやワークショップをどのように作成するか。
⑤　限られている経営資源と入手可能な情報をいかに最大限利用できるか。

　第3点目は、使われている用語等がマネジメントに理解されない場合である。プランニングの過程で使用される用語は、組織内のすべての人に理解されているか。マーケティング・プラン作成の中心となるマーケターには、高度な教育を受けている人が多いうえ、彼らは日常の業務においてマーケティングの専門用語を当たり前のように使用している。戦略とは何で、戦術とは何か、といった言葉の定義から明らかにしていく必要があるといっても過言ではない。
　第4点目は、目標や戦略でなく、数字だけが示されている場合である。マーケティング・プランに明確な目標やそのための戦略が記載されておらず、代わりに来年度またはそれ以降の売上げ目標や利益目標だけが記載されているようなケースが見受けられる。それらの数字の多くは現在の実績を基に単純推定されたものである。そうした数字の作成は分析とはかけ離れたものであり、説明的な要因を伴っていない。
　現在までの成果がどのような要因によってもたらされたのか、今後の成果を左右する主要な好機と脅威にはどういったものが考えられるのかなどの考察を欠かしてはならない。
　第5点目は、プラン作成が1年に一度の儀式と化している場合である。毎年マーケティング・プランは作成されているが、それきりで誰にも真面目にフォローされていないのでは意味はない。絵に描いた餅である。また、一度作成したきりで、環境が変化しているにもかかわらず、きちんとした見直しがなされないケースも多々見受けられる。
　あくまでもマーケティング・プランの目的は、作成すること自体ではなく、使いこなすことにある。ビジネスの環境の変化を敏感にとらえ、必要なら修整を加えていかなければならない。さらにその際は、関係各部門に対して、

速やかにかつ的確な説明が与えられることが期待される。

　第6点目は、戦略的プランニングと業務上のプランニングが乖離している場合である。長期経営計画等に盛り込まれる数値目標は、多くの場合、過去からの実績をベースにした予測値や期待値の形で示されることがある。しかし、もしマネジメント層にとってそうした数字が満足できないものである場合、それらは容易に変更されて、実際に計画されたものと企業が目標としなければならないものとのギャップは時とともに拡大を続けることになる。

　また、この問題は戦略と戦術の整合性をいかにうまく取るかという課題も抱えている。プランニング部門によって長期戦略プランの策定がなされる際に、現場のマネジャーたちが事実上除外されることになり、結果として実際に展開される具体的戦術との連携が図られなくなる。戦略的なプランが作成される際、担当者レベルの現場に根ざした分析がきちんと盛り込まれていなければ、そのプランは企業の意思決定において現実性を欠いたものにならざるを得ないのである。

　最後は、マーケティング・プランがうまく全社プランに統合されていない場合である。全社戦略を策定する明確なプランニング・システムが企業内に存在しない場合、効果的なマーケティング・プランを構築することは難しい。これは6番目の課題のもう1つの側面ともいえよう。

　マーケティング・プランの作成がなされるのと同様のプロセスとスケジュールで、製造や財務、物流など他主要部門のプラン作りが実施されない場合、企業全体として効率的な経営をするのは難しいだろう。なぜなら、企業は限られた経営資源でもって、「何が理想的か」「何が実際的か」「何が実践可能か」といった異なる案件につき優先順位を明らかにし、戦略的整合性を整えたうえでフォーカスを定めなければ、競争優位を築くことはできないからである。

3　組織としてのマーケティング・マインド

　本書の第1章でも述べた通り、マーケティングは企業の経営全体にかかわる機能であり、その巧拙によって企業が勝ち残れるかどうかが決定されるともいえる。組織内においての横断的なマーケティングが不可欠であるという考え方は、企業のビジョン、目的、戦略、組織構造、そして個々の社員の能力と密接に関連している。

　何が勝者と敗者を分かつことになるのだろうか。ペンシルバニア大のジェリー・ウインドは、21世紀への生き残りの条件として以下のような問いかけをしている[1]。いずれもわれわれが考慮しなければならない、価値のある問題提起である。

①マーケティングおよびその焦点を顧客ニーズの充足や先取りに当てるということが、経営哲学の中心として全社的に広く受け入れられているか。
②会社の目標には、顧客満足と顧客価値の創造が含まれているか。
③マーケティング機能が、中核となる価値創造のプロセスの一部として会社の他の機能と統合されているか。
④企業の「製品」は、ターゲット顧客の求める便益を確実に満たすための統合された一連の製品やサービスの一環として位置づけられているか。
⑤マーケティング機能は、グローバルな視野に基づくものか。
⑥IT（情報技術）をマーケティング戦略の不可欠な要素として活用しているか。
⑦マーケティングに対する取り組みは、過去に自社や競合他社で使われた方法に依存するのではなく、革新的な方法を積極的に取り入れているか。

4　これからのマーケティングとは

　市場は恐るべき速度で情報化、成熟化、国際化を続けている。コトラーが

述べているように、今日の企業にとっての唯一の競争優位は、どこよりも速く学習する能力であり、市場の変化に応じて自社のマーケティングをすばやく対応させることのできる企業のみが成功を収めることができる[2]。

またコトラーは、変化する環境の中で、マーケティング担当者がこれから取り組まなければならない領域として、次の10テーマをあげている[3]。

①リレーションシップ・マーケティング：利益が期待できる顧客とどれだけ長期的な関係構築ができるか。

②顧客生涯価値：1人の新規顧客をある期間維持しておくことで、企業が得ることができると推測される純利益額。（本書第7章参照）

③顧客シェア：クロス・セリングやアップ・セリングを通じて、既存顧客により多くの商品を提供することで、1人の顧客内の自社シェアを高める。企業は市場シェアだけでなく、顧客シェアに焦点を当て始めた。（本書第7章参照）

④ターゲット・マーケティング：すべての消費者を対象にするのではなく、自社の製品やサービスによりフィットするニーズを持った特定セグメントに狙いを定めてマーケティングを行う。（本書第2章参照）

⑤カスタマイゼーション：顧客へ同一の製品（サービス）を提供するのではなく、個々の顧客ニーズに合わせて個別化を行う。

⑥顧客データベース：個々の顧客をプロファイリングするために、購買履歴などを記録したデータベースを構築し、活用しなければならない。（本書第7章参照）

⑦統合型マーケティング・コミュニケーション：広告やセールス・プロモーション、PRなど複数のコミュニケーションの手段を統合的に組み合わせることで、統一感のあるブランド・イメージを築く。（本書第5章参照）

⑧パートナーとしての流通チャネル：流通業者は、企業が最終消費者へ価値を届けるための重要なパートナーである。（本書第5章参照）

⑨社員すべてがマーケティング担当者であること：マーケティングはマーケティング部門だけの仕事ではない。企業のすべての従業員が、顧客に中心に

すえたマーケティングの発想を持たなければならない。（本書第1章参照）
⑩モデルを基にした意思決定：直感や貧しいデータのみでマーケティング意思決定を行うことは避けなければならない。データをきちんと収集、分析するなど科学的な根拠を求めたうえで、意思決定は下される。

①から⑥は、そのまま顧客に関するテーマである。⑦もまた、効果的な顧客コミュニケーションのためにその重要性が指摘されている。こうしてみると、今日のマーケティングのテーマのほとんどは顧客に関することに気づくだろう。しかし、驚くことはない。実際、ドラッカーが述べたように、顧客こそが企業にとっての唯一のプロフィット・センターなのであり、時代が変わろうが、マーケティングの焦点は常にそこにおかれなければならないのである。

練習課題
1 　企業がマーケティングを展開するために、なぜマーケティング・プランの作成が重要なのか考えてみよう。
2 　効果的なマーケティング組織にはどういった条件が求められるか。
3 　自分たちの周りにある顧客起点のマーケティングの例を考えてみよう。

注
1 　ウォートン・スクールほか（1998）、201〜208ページ。
2 　コトラー（2000）、22〜23ページ。
3 　Kotler (2002) pp. 28-29.

参考文献

- D・A・アーカー&G・S デイ（石井淳蔵訳）『マーケティング・リサーチ』白桃書房、1981年。
- D・A・アーカー（野中郁次郎ほか訳）『戦略市場経営』ダイヤモンド社、1986年。
- G・L・アーバンほか（林廣茂ほか訳）『プロダクト・マネジメント』プレジデント社、1989年。
- 荒川圭基『データベース・マーケティング実践ガイド』PHP研究所、2002年。
- H・I・アンゾフ（中村元一ほか訳）『戦略経営の実践原理』ダイヤモンド社、1994年。
- 井上崇通『マーケティング戦略と診断』同友館、1996年。
- ウォートン・スクールほか（木村達也監修、清水誠之ほか訳）『MBA全集2 マーケティング』ダイヤモンド社、1998年。
- 江尻弘『最新データベース・マーケティング』中央経済社、1996年。
- 木村達也『マーケティング活動の進め方』日本経済新聞社、1999年。
- K・L・ケラー（恩蔵直人・亀井昭宏訳）『戦略的ブランド・マネジメント』東急エージェンシー、2000年。
- P・コトラーほか（和田充夫ほか訳）『新版マーケティング原理』ダイヤモンド社、1995年。
- P・コトラー（木村達也訳）『コトラーの戦略的マーケティング』、ダイヤモンド社、2000年。
- P・コトラー（恩蔵直人監修、月谷真紀訳）『コトラーのマーケティング・マネジメント』、ピアソン・エデュケーション、2001年。
- 小林太三郎・嶋村和恵監修『新版新しい広告』電通、1997年。
- 佐川幸三郎『新しいマーケティングの実際』プレジデント社、1992年。
- 嶋口充輝『顧客満足型マーケティングの構図』有斐閣、1994年。
- D・A・シュルツほか（電通IMCプロジェクトチーム監修、有賀勝訳）『広告革命 米国に吹き荒れるIMC旋風』電通、1994年。
- C・スウェル&P・B・ブラウン（久保島英二訳）『一回のお客を一生の顧客にする法』ダイヤモンド社、1991年。
- P・F・ドラッカー（上田惇生訳）『新訳現代の経営〈上〉』ダイヤモンド社、1996年。
- 長島牧人『戦略立案のテクニック』日科技連、1997年。
- （社）日本マーケティング協会編『マーケティング・ベーシックス』同文館、1995年。
- B・J・ネイルバフ&A・M・ブランデンバーガー（嶋津祐一ほか訳）『コーペティション経営』日本経済新聞社、1997年。
- 波頭亮『戦略策定概論』産能大学出版部、1995年。

- A・ヒューズ（秋山耕監訳）『顧客生涯価値のデータベース・マーケティング』ダイヤモンド社、1999年。
- 深尾重喜・SANNO営業戦略研究会『実践マーケティングの基本』経営実務出版、1994年。
- R・ブラットバーグほか（小川孔輔ほか監訳）『顧客資産のマネジメント』ダイヤモンド社、2002年。
- D・ペパーズ&M・ロジャーズ（井関利明監訳）『One to Oneマーケティング』ダイヤモンド社、1995年。
- M・E・ポーター（土岐坤ほか訳）『競争の戦略』ダイヤモンド社、1982年。
- M・マクドナルドほか（木村達也監訳）『マーケティング100の発想』ダイヤモンド社、1997年。
- F・F・ライクヘルド『顧客ロイヤルティのマネジメント』ダイヤモンド社、1998年。
- ルディー和子『データベース・マーケティングの実際』日本経済新聞社、2000年。
- 和田充夫ほか『マーケティング戦略』有斐閣、1996年。
- Aaker, David A. (1998), Strategic Market Management (5th ed.), John Wiley & Sons.
- Kotler, P. (2002), Marketing Management (11th ed.), Pearson Education.
- Lauterborn, R. (1990), "New Marketing Litany: 4P's Passe; C-Words Take Over," Advertising Age, October 1.
- McCarthy, E. J., Perreault, W. D. (1996), Basic Marketing: A Managerial Approach (12th ed.), Irwin.
- McDonald, Malcolm H. B. (1989), Marketing Plan (2nd ed.), Butterworth Heinemann.
- McKenna, R. (1991), Relationship Marketing, Addison-Wesley.
- Shoell, W. F. et al. (1995), Marketing: Comtemporary Concepts and Practices (6th ed.), Prentice Hall.

■著者紹介

木村　達也（きむら　たつや）

1958年生まれ。
広告代理店勤務の後、ブリティッシュ・エアウェイズ、フィリップモリス社等でブランド・マネジャー、プロダクト・マネジャーとしてマーケティング戦略の策定、実施に携わる。
早稲田大学商学部卒。英ランカスター大学大学院修士課程（MBA）、早稲田大学大学院博士後期課程修了。
日本大学大学院グローバル・ビジネス研究科助教授を経て、現在、早稲田大学大学院アジア太平洋研究科助教授。
E-mail: SGW03647@nifty.ne.jp

現代のマーケティング

2003年5月10日　初版第1刷発行

■著　者──木村　達也
■発行者──佐藤　守
■発行所──株式会社 **大学教育出版**
　　　　　〒700-0953　岡山市西市855-4
　　　　　電話 (086) 244-1268代　FAX (086) 246-0294
■印刷所──互恵印刷㈱
■製本所──㈲笠松製本所
■装　丁──ティーボーンデザイン事務所

Ⓒ Tatsuya Kimura 2003, Printed in Japan
検印省略　落丁・乱丁本はお取り替えいたします。
無断で本書の一部または全部を複写・複製することは禁じられています。

ISBN4-88730-526-5